Bibliothèque des Dames.

—

OEUVRES CHOISIES

DE MADAME

DE LAFAYETTE.

II

PARIS,

AU BUREAU DE LA GAZETTE DES FEMMES,

RUE CHOISEUL, 8.

—

1846

OEUVRES CHOISIES

DE MADAME

4104

DE LAFAYETTE.

Paris. — Imprimerie de BOULÉ, rue Coq-Héron, 5.

OEUVRES CHOISIES

DE MADAME

DE LAFAYETTE

ROMANS, LETTRES ET NOUVELLES.

II

PARIS,

AU BUREAU DE LA GAZETTE DES FEMMES

RUE CHOISEUL, 8.

1846

LA PRINCESSE DE CLÈVES.

—

Anne de Boulen était d'une bonne maison d'Angleterre. Henri VIII avait été amoureux de sa sœur et de sa mère, et l'on a même soupçonné qu'elle était sa fille. Elle vint ici avec la sœur de Henri VII, qui épousa le roi Louis XII. Cette princesse, qui était jeune et galante, eut beaucoup de peine à quitter la cour de France après la mort de son mari; mais Anne de Boulen, qui avait les mêmes inclinations que sa maîtresse, ne put se résoudre à en partir. Le feu roi en était amoureux, et elle demeura fille d'honneur de la reine Claude. Cette reine mourut, et Mme Marguerite, sœur du roi, duchesse d'Alençon, et depuis reine de Navarre, dont vous avez vu les contes, la prit auprès d'elle, et elle prit auprès de cette princesse les teintures de la religion nouvelle. Elle re-

tourna ensuite en Angleterre et y charma tout le monde;
elle avait les manières de France qui plaisent à toutes
les nations; elle chantait bien; elle dansait admirable-
ment : on la mit fille de la reine Catherine d'Aragon,
et le roi Henri VIII en devint éperdument amoureux.

Le cardinal de Wolsey, son favori et son premier mi-
nistre, avait prétendu au pontificat, et, mal satisfait de
l'empereur, qui ne l'avait pas soutenu dans cette pré-
tention, il résolut de s'en venger et d'unir le roi son
maître à la France. Il mit dans l'esprit de Henri VIII
que son mariage avec la tante de l'empereur était nul,
et lui proposa d'épouser la duchesse d'Alençon, dont le
mari venait de mourir. Anne de Boulen, qui avait de
l'ambition, regarda ce divorce comme un chemin qui la
pouvait conduire au trône. Elle commença à donner au
roi d'Angleterre des impressions de la religion de Lu-
ther, et engagea le feu roi à favoriser à Rome le divorce
de Henri, sur l'espérance du mariage de Mme d'Alençon. Le cardinal de Wolsey se fit députer en France sur
d'autres prétextes pour traiter cette affaire; mais son
maître ne put se résoudre à souffrir qu'on en fît seulement la proposition, et il lui envoya un ordre à Calais
de ne point parler de ce mariage.

Au retour de France, le cardinal de Wolsey fut reçu
avec des honneurs pareils à ceux que l'on rendait au
roi même; jamais favori n'a porté l'orgueil et la vanité
à un si haut point. Il ménagea une entrevue entre les

deux rois, qui se fit à Boulogne. François Ier donna la
main à Henri VIII, qui ne la voulait point recevoir : ils
se traitèrent tour à tour avec une magnificence extraordinaire, et se donnèrent des habits pareils à ceux qu'ils
avaient fait faire pour eux-mêmes. Je me souviens d'a-
voir ouï dire que ceux que le feu roi envoya au roi
d'Angleterre étaient de satin cramoisi, chamarré en
triangle avec des perles et des diamans, et la robe de
velours blanc brodée d'or. Après avoir été quelques
jours à Boulogne, ils allèrent encore à Calais. Anne de
Boulen était logée chez Henri VIII avec le train d'une
reine, et François Ier lui fit les mêmes présens et lui
rendit les mêmes honneurs que si elle l'eût été. Enfin,
après une passion de neuf années, Henri VIII l'épousa
sans attendre la dissolution de son premier mariage qu'il
demandait à Rome depuis long-temps. Le pape pro-
nonça les fulminations contre lui avec précipitation, et
Henri en fut tellement irrité qu'il se déclara chef de la
religion, et entraîna toute l'Angleterre dans le malheureux changement où vous la voyez.

Anne de Boulen ne jouit pas long-temps de sa grandeur ; car, lorsqu'elle la croyait la plus assurée par la
mort de Catherine d'Aragon, un jour qu'elle assis-
tait avec toute la cour à des courses de bague que faisait le vicomte de Rochefort, son frère, le roi en fut
frappé d'une telle jalousie, qu'il quitta brusquement le
spectacle, s'en vint à Londres, et laissa ordre d'arrêter

la reine, le vicomte de Rochefort et plusieurs autres
qu'il croyait amans et confidens de cette princesse. Quoique cette jalousie parût née dans ce moment, il y avait
déjà quelque temps qu'elle lui avait été inspirée par la
vicomtesse de Rochefort, qui, ne pouvant souffrir la liaison étroite de son mari avec la reine, la fit regarder au
roi comme une amitié criminelle ; en sorte que ce
prince, qui d'ailleurs était amoureux de Jeanne de Seymour, ne songea qu'à se défaire d'Anne de Boulen. En
moins de trois semaines il fit faire le procès à cette reine
et à son frère, leur fit couper la tête et épousa Jeanne
Seymour. Il eut ensuite plusieurs femmes qu'il répudia
ou qu'il fit mourir, et entre autres Catherine Howart,
dont la comtesse de Rochefort était confidente et qui
eut la tête coupée avec elle. Elle fut ainsi punie des
crimes qu'elle avait supposés à Anne de Boulen, et
Henri VIII mourut étant devenu d'une grosseur prodigieuse.

Toutes les dames qui étaient présentes au récit de
Mme la dauphine la remercièrent de les avoir si bien
instruites de la cour d'Angleterre, et entre autres Mme de
Clèves, qui ne put s'empêcher de lui faire encore plusieurs questions sur la reine Elisabeth

La reine-dauphine faisait faire des portraits en petit
de toutes les belles personnes de la cour pour les envoyer à la reine sa mère. Le jour qu'on achevait celui
de Mme de Clèves, Mme la dauphine vint passer l'après-

dîner chez elle. M. de Nemours ne manqua pas de s'y trouver; il ne laissait échapper aucune occasion de voir Mme de Clèves, sans laisser paraître néanmoins qu'il les cherchât. Elle était si belle ce jour-là, qu'il en serait devenu amoureux quand il ne l'aurait pas été : il n'osait pourtant avoir les yeux attachés sur elle pendant qu'on la peignait, et il craignait de laisser trop voir le plaisir qu'il avait à la regarder.

Mme la dauphine demanda à M. de Clèves un petit portrait qu'il avait de sa femme, pour le voir auprès de celui qu'on achevait: tout le monde dit son sentiment de l'un et de l'autre, et Mme de Clèves ordonna au peintre de raccommoder quelque chose à la coiffure de celui que l'on venait d'apporter. Le peintre, pour lui obéir, ôta le portrait de la boîte où il était, et, après y avoir travaillé, il le remit sur la table.

Il y avait long-temps que M. de Nemours souhaitait d'avoir le portrait de Mme de Clèves. Lorsqu'il vit celui qui était à M. de Clèves, il ne put résister à l'envie de le dérober à un mari qu'il croyait tendrement aimé; et il pensa que, parmi tant de personnes qui étaient dans ce même lieu, il ne serait pas soupçonné plutôt qu'un autre.

Mme la dauphine était assise sur le lit, et parlait bas à Mme de Clèves, qui était debout devant elle. Mme de Clèves aperçut, par un des rideaux qui n'était qu'à demi fermé, M. de Nemours, le dos contre la table, qui était au pied du lit ; et elle vit que, sans tourner la tête, il prenait adroitement quelque chose sur cette table. Elle n'eut pas de peine à deviner que c'était son portrait ; et elle en fut si troublée que Mme la dauphine remarqua qu'elle ne l'écoutait pas, et lui demanda tout haut ce qu'elle regardait. M. de Nemours se tourna à ces paroles ; il rencontra les yeux de Mme de Clèves qui étaient encore attachés sur lui, et il pensa qu'il n'était pas impossible qu'elle eût vu ce qu'il venait de faire.

Mme de Clèves n'était pas peu embarrassée : la raison voulait qu'elle demandât son portrait ; mais, en le demandant publiquement, c'était apprendre à tout le monde les sentimens que ce prince avait pour elle, et, en le lui demandant en particulier, c'était quasi l'engager à lui parler de sa passion ; enfin elle jugea qu'il valait mieux le lui laisser, et elle fut bien aise de lui accorder une faveur qu'elle lui pouvait faire sans qu'il sût même qu'elle la lui faisait. M. de Nemours, qui remarquait son embarras, et qui en devinait quasi la cause, s'approcha d'elle et lui dit tout bas : Si vous avez vu ce que j'ai osé faire, ayez la bonté, madame, de me laisser croire que vous l'ignorez ; je n'ose vous en demander davantage ; et il se retira après ces paroles et n'attendit pas sa réponse.

Mme la dauphine sortit pour s'aller promener, suivie de toutes les dames, et M. de Nemours alla se renfermer chez lui, ne pouvant soutenir en public la

joie d'avoir un portrait de Mme de Clèves. Il sentait tout
ce que la passion peut faire sentir de plus agréable ; il
aimait la plus aimable personne de la cour ; il s'en faisait aimer malgré elle, et il voyait dans toutes ses actions
cette sorte de trouble et d'embarras que cause l'amour
dans l'innocence de la première jeunesse.

Le soir on chercha ce portrait avec beaucoup de soin :
comme on trouvait la boîte où il devait être, l'on ne
soupçonna point qu'il eût été dérobé, et l'on crut qu'il
était tombé par hasard. M. de Clèves était affligé de
cette perte, et, après qu'on eut encore cherché inutilement, il dit à sa femme, mais d'une manière qui faisait
voir qu'il ne le pensait pas, qu'elle avait sans doute
quelque amant caché à qui elle avait donné ce portrait,
ou qui l'avait dérobé, et qu'un autre qu'un amant ne
se serait pas contenté de la peinture sans la boîte.

Ces paroles, quoique dites en riant, firent une vive
impression dans l'esprit de Mme de Clèves : elles lui
donnèrent des remords ; elle fit réflexion à la violence
de l'inclination qui l'entraînait vers M. de Nemours ;
elle trouva qu'elle n'était plus maîtresse de ses paroles
et de son visage ; elle pensa que Lignerolle était revenu,
qu'elle ne craignait plus l'affaire d'Angleterre ; qu'elle
n'avait plus de soupçons sur Mme la dauphine ; qu'enfin il n'y avait plus rien qui pût la défendre, et qu'il n'y
avait de sûreté pour elle qu'en s'éloignant. Mais comme
elle n'était pas maîtresse de s'éloigner, elle se trouvait

dans une grande extrémité, et prête à tomber dans ce
qui lui paraissait le plus grand des malheurs, qui était
de laisser voir à M. de Nemours l'inclination qu'elle
avait pour lui. Elle se souvenait de tout ce que Mme de
Chartres lui avait dit en mourant, et des conseils qu'elle
lui avait donnés de prendre toutes sortes de partis, quelque difficiles qu'ils pussent être, plutôt que de s'embar-
quer dans une galanterie.

Ce que M. de Clèves avait dit sur la sincérité, en
parlant de Mme de Tournon, lui revint dans l'esprit :
il lui sembla qu'elle lui devait avouer l'inclination
qu'elle avait pour M. de Nemours. Cette pensée l'oc-
cupa long-temps ; ensuite elle fut étonnée de l'avoir
eue, elle y trouva de la folie, et retomba dans l'embarras de ne savoir quel parti prendre.

La paix était signée : Mme Elisabeth, après beaucoup de répugnance, s'était résolue à obéir au roi son
père. Le duc d'Albe avait été nommé pour venir l'é-
pouser au nom du roi catholique, et il devait bientôt
arriver. L'on attendait le duc de Savoie, qui venait
épouser Madame, sœur du roi, et dont les noces se de-
vaient faire en même temps.

Le roi ne songeait qu'à rendre ces noces célèbres par
des divertissemens où il pût faire paraître l'adresse et
la magnificence de sa cour. On proposa tout ce qui se
pouvait faire de plus grand pour des ballets et des co-
médies ; mais le roi trouva ces divertissemens trop par-

ticuliers, et il en voulut d'un plus grand éclat. Il résolut de faire un tournoi, où les étrangers seraient reçus,
et dont le peuple pourrait être spectateur. Tous les
princes et les jeunes seigneurs entrèrent avec joie dans
le dessein du roi, et surtout le duc de Ferrare, M. de
Guise et M. de Nemours, qui surpassaient tous les autres dans ces sortes d'exercices. Le roi les choisit pour
être les quatre tenans du tournoi.

L'on fit publier par tout le royaume qu'en la ville de
Paris le pas était ouvert au quinzième juin, par sa majesté très chrétienne, et par les princes Alphonse d'Est,
duc de Ferrare ; François de Lorraine, duc de Guise ;
et Jacques de Savoie, duc de Nemours, pour être tenu
contre tous venans : à commencer le premier combat à
cheval en lice, en double pièce, quatre coups de lance,
et un pour les dames.

Le deuxième combat à coups d'épée, un à un ou deux
à deux, à la volonté des maîtres du camp.

Le troisième combat à pied, trois coups de pique et
six coups d'épée, que les tenans fourniraient de lances,
d'épées et de piques, au choix des assaillans, et que, si
en courant on donnait au cheval, on serait mis hors des
rangs. Qu'il y aurait quatre maîtres du camp pour donner des ordres, et que ceux des assaillans qui auraient
le plus rompu et le mieux fait, auraient un prix dont la
valeur serait à la discrétion des juges ; que tous les assaillans, tant Français qu'étrangers, seraient tenus de

venir toucher à l'un des écus qui seraient pendus au perron au bout de la lice, ou à plusieurs, selon leur choix ; que là ils trouveraient un officier d'armes qui les recevrait pour les enrôler selon leur rang, et selon les écus qu'ils auraient touchés ; que les assaillans seraient tenus de faire apporter par un gentilhomme leur écu, avec leurs armes, pour le pendre au perron trois jours avant le commencement du tournoi ; qu'autrement ils n'y seraient point reçus sans le congé des tenans.

On fit faire une grande lice proche de la Bastille, qui venait du château des Tournelles, qui traversait la rue Saint-Antoine, et qui allait se rendre aux écuries royales. Il y avait des deux côtés des échafauds et des amphithéâtres, avec des loges couvertes, qui formaient des espèces de galeries qui faisaient un très bel effet à la vue, et qui pouvaient contenir un nombre infini de personnes. Tous les princes et seigneurs ne furent plus occupés que du soin d'ordonner ce qui leur était nécessaire pour paraître avec éclat, et pour mêler dans leurs chiffres, ou dans leurs devises, quelque chose de galant qui eût rapport aux personnes qu'ils aimaient.

Peu de jours avant l'arrivée du duc d'Albe, le roi fit une partie de paume avec M. de Nemours, le chevalier de Guise et le vidame de Chartres. Les reines les allèrent voir jouer, suivies de toutes les dames, et, entre autres, de Mme de Clèves. Après que la partie fut finie, comme l'on sortait du jeu de paume, Châtelart s'ap-

procha de la reine-dauphine et lui dit que le hasard lui
venait de mettre entre les mains une lettre de galanterie qui était tombée de la poche de M. de Nemours.
Cette reine, qui avait toujours de la curiosité pour ce
qui regardait ce prince, dit à Châtelart de la lui donner;
elle la prit, et suivit la reine sa belle-mère, qui s'en
allait avec le roi voir travailler à la lice. Après que l'on
y eut été quelque temps, le roi fit amener des chevaux
qu'il avait fait venir depuis peu. Quoiqu'ils ne fussent
pas encore dressés, il les voulut monter, et en fit donner à tous ceux qui l'avaient suivi. Le roi et M. de Nemours se trouvèrent sur les plus fougueux; ces chevaux se voulurent jeter l'un sur l'autre. M. de Nemours,
par crainte de blesser le roi, recula brusquement, et
porta son cheval contre un pilier du manége avec tant
de violence que la secousse le fit chanceler. On courut
à lui, et on le crut considérablement blessé. Mme de
Clèves le crut encore plus blessé que les autres. L'intérêt qu'elle y prenait lui donna une appréhension et un
trouble qu'elle ne songea pas à cacher; elle s'approcha de lui avec les reines, et avec un visage si changé,
qu'un homme moins intéressé que le chevalier de Guise
s'en fût aperçu; aussi le remarqua-t-il aisément, et il
eut bien plus d'attention à l'état où était Mme de Clèves qu'à celui où était M. de Nemours. Le coup que ce
prince s'était donné lui donna un si grand éblouisse-
ment qu'il demeura quelque temps la tête penchée sur

ceux qui le soutenaient. Quand il la releva, Il vit d'a-
bord Mme de Clèves; il connut sur son visage la pitié
qu'elle avait de lui, et il la regarda d'une sorte qui pût
lui faire juger combien il en était touché. il fit ensuite
des remercîmens aux reines de la bonté qu'elles lui té-
moignaient, et des excuses de l'état où il avait été devant elles. Le roi lui ordonna de s'aller reposer.

Mme de Clèves, après s'être remise de la frayeur
qu'elle avait eue, fit bientôt réflexion aux marques
qu'elle en avait données. Le chevalier de Guise ne la
laissa pas long-temps dans l'espérance que personne ne
s'en serait aperçu, il lui donna la main pour la conduire
hors de la lice, Je suis plus à plaindre que M. de Nemours, madame, lui dit-il: pardonnez-moi si je sors de
ce profond respect que j'ai toujours eu pour vous, et si
je vous fais paraître la vive douleur que je sens de ce
que je viens de voir; c'est la première fois que j'ai été
assez hardi pour vous parler, et ce sera aussi la dernière.
La mort, ou du moins un éloignement éternel, m'ôtera
d'un lieu où je ne puis plus vivre, puisque je viens de
perdre la triste consolation de croire que tous ceux qui
osent vous regarder sont aussi malheureux que moi.

Mme de Clèves ne répondit que quelques paroles mal
arrangées, comme si elle n'eût pas entendu ce que si-
gnifiaient celles du chevalier de Guise. Dans un autre
temps elle aurait été offensée qu'il lui eût parlé des
sentimens qu'il avait pour elle ; mais, dans ce moment,

elle ne sentit que l'affliction de voir qu'il s'était aperçu
de ceux qu'elle avait pour M. de Nemours. Le chevalier de Guise en fut si convaincu et si pénétré de douleur, que, dès ce jour, il prit la résolution de ne penser
jamais à être aimé de Mme de Clèves. Mais, pour quitter cette entreprise qui lui avait paru si difficile et si
glorieuse, il en fallait quelque autre dont la grandeur
pût l'occuper. Il se mit dans l'esprit de prendre Rho-
des, dont il avait déjà eu quelque pensée ; et, quand la
mort l'ôta du monde dans la fleur de sa jeunesse, et
dans le temps qu'il avait acquis la réputation d'un des
plus grands princes de son siècle, le seul regret qu'il
témoigna de quitter la vie fut de n'avoir pu exécuter
une si belle résolution, dont il croyait le succès infaillible par tous les soins qu'il en avait pris.

Mme de Clèves, en sortant de la lice, alla chez la
reine, l'esprit bien occupé de ce qui s'était passé. M. de
Nemours y vint peu de temps après, habillé magnifiquement, et comme un homme qui ne se sentait pas de
l'accident qui lui était arrivé : il paraissait même plus
gai que de coutume, et la joie de ce qu'il croyait avoir
vu lui donnait un air qui augmentait encore son agrément. Tout le monde fut surpris lorsqu'il entra ; et il
n'y eut personne qui ne lui demandât de ses nouvelles,
excepté Mme de Clèves, qui demeura auprès de la che-
minée, sans faire semblant de le voir. Le roi sortit d'un
cabinet où il était, et, le voyant parmi les autres, il l'ap-

pela pour lui parler de son aventure. M. de Nemours passa auprès de Mme de Clèves et lui dit tout bas : J'ai reçu aujourd'hui des marques de votre pitié, madame, mais ce n'est pas de celles dont je suis le plus digne.

Mme de Clèves s'était bien doutée que ce prince s'était aperçu de la sensibilité qu'elle avait eue pour lui, et ces paroles lui firent voir qu'elle ne s'était pas trompée. Ce lui était une grande douleur de voir qu'elle n'était pas maîtresse de cacher ses sentimens, et de les avoir laissé paraître au chevalier de Guise. Elle en avait aussi beaucoup que M. de Nemours les connût ; mais cette dernière douleur n'était pas si entière, et elle était mêlée de quelque sorte de douceur.

La reine-dauphine, qui avait une extrême impatience de savoir ce qu'il y avait dans la lettre que Châtelart lui avait donnée, s'approcha de Mme de Clèves. Allez lire cette lettre, lui dit-elle, elle s'adresse à M. de Nemours, et, selon toute apparence, elle est de cette maîtresse pour qui il a quitté toutes les autres : si vous ne la pouvez lire maintenant, gardez-la ; venez ce soir à mon coucher pour me la rendre et pour me dire si vous en connaissez l'écriture.

Mme la dauphine quitta Mme de Clèves après ces paroles, et la laissa si étonnée et dans un si grand saisissement, qu'elle fut quelque temps sans pouvoir sortir de sa place. L'impatience et le trouble où elle était ne lui permirent pas de demeurer chez la reine ; elle s'en alla chez elle, quoiqu'il ne fût pas l'heure où elle avait coutume de se retirer. Elle tenait cette lettre avec une main tremblante; ses pensées étaient si confuses qu'elle n'en avait pas une distincte, et elle se trouvait dans une sorte de douleur insupportable qu'elle ne connaissait point et qu'elle n'avait jamais sentie.

Sitôt qu'elle fut dans son cabinet, elle ouvrit cette lettre et la trouva telle :

« Je vous ai trop aimé pour vous laisser croire que le changement qui vous paraît en moi soit un effet de ma légèreté; je veux vous apprendre que votre infidélité en est la cause. Vous êtes bien surpris que je vous parle de votre infidélité; vous me l'aviez cachée avec tant d'adresse, et j'ai pris tant de soin de vous cacher que je le savais, que vous avez raison d'être étonné qu'elle me soit connue. Je suis surprise moi-même que j'aie pu ne vous en rien faire paraître.

» Jamais douleur n'a été pareille à la mienne : je croyais que vous aviez pour moi une passion violente; je ne vous cachais plus celle que j'avais pour vous, et, dans le temps que je vous la laissais voir tout entière, j'appris que vous me trompiez, que vous en aimiez une autre, et que, selon toutes les apparences, vous me sacrifiez à cette nouvelle maîtresse. Je le sus le jour de la course de bague; c'est ce qui fit que je n'y allai point. Je feignis d'être malade pour cacher le désordre de

mon esprit ; mais je le devins en effet, et mon corps ne
put supporter une si violente agitation.

» Quand je commençai à me porter mieux, je feignis
encore d'être fort mal, afin d'avoir un prétexte de ne
vous point voir et de ne vous point écrire. Je voulus
avoir du temps pour résoudre de quelle sorte je devais
en user avec vous : je pris et je quittai vingt fois les
mêmes résolutions ; mais enfin je vous trouvai indigne
de voir ma douleur, et je résolus de ne vous la point
faire paraître.

» Je voulus blesser votre orgueil en vous faisant voir
que ma passion s'affaiblissait d'elle-même. Je crus diminuer par là le prix du sacrifice que vous en faisiez ;
je ne voulus pas que vous eussiez le plaisir de montrer
combien je vous aimais pour en paraître plus aimable.
Je résolus de vous écrire des lettres tièdes et languis-
santes, pour jeter dans l'esprit de celle à qui vous les
donniez que l'on cessait de vous aimer. Je ne voulus
pas qu'elle eût le plaisir d'apprendre que je savais qu'elle
triomphait de moi, ni augmenter son triomphe par mon
désespoir et par mes reproches.

» Je pensai que je ne vous punirais pas assez en rompant avec vous, et que je ne vous donnerais qu'une légère douleur si je cessais de vous aimer lorsque vous
ne m'aimiez plus. Je trouvai qu'il fallait que vous m'ai-
massiez pour sentir le mal de n'être point aimé, que
j'éprouvais si cruellement. Je crus que si quelque chose

pouvait rallumer les sentimens que vous aviez eus pour
moi, c'était de vous faire voir que les miens étaient
changés, mais de vous le faire voir en feignant de vous
le cacher, et comme si je n'eusse pas eu la force de
l'avouer.

» Je m'arrêtai à cette résolution ; mais qu'elle me
fut difficile à prendre ! et qu'en vous voyant elle me
parut difficile à exécuter ! Je fus prête cent fois à écla-
ter par mes reproches et par mes pleurs : l'état où j'é-
tais encore par ma santé me servit à vous déguiser mon
trouble et mon affliction.

» Je fus soutenue ensuite par le plaisir de dissimuler
avec vous comme vous dissimuliez avec moi ; néanmoins je me faisais une si grande violence pour vous
dire et pour vous écrire que je vous aimais, que vous
vîtes plus tôt que je n'avais eu dessein de vous laisser
voir que mes sentimens étaient changés. Vous en fûtes
blessé ; vous vous en plaignîtes : je tâchais de vous ras-
surer, mais c'était d'une manière si forcée que vous en
étiez encore mieux persuadé que je ne vous aimais plus.
Enfin je fis tout ce que j'avais en intention de faire. La
bizarrerie de votre cœur vous fit revenir vers moi à
mesure que vous voyiez que je m'éloignais de vous.
J'ai joui de tout le plaisir que peut donner la vengean-
ce ; il m'a paru que vous m'aimiez mieux que vous n'a-
viez jamais fait, et je vous ai fait voir que je ne vous
aimais plus.

» J'ai eu lieu de croire que vous aviez entièrement abandonné celle pour qui vous m'aviez quittée. J'ai eu aussi des raisons pour être persuadée que vous ne lui aviez jamais parlé de moi ; mais votre retour et votre discrétion n'ont pu réparer votre légèreté. Votre cœur a été partagé entre moi et une autre : vous m'avez trompée. Cela suffit pour m'ôter le plaisir d'être aimée de vous, comme je croyais mériter de l'être, et pour me laisser dans cette résolution que j'ai prise de ne vous voir jamais, et dont vous êtes si surpris. »

Mme de Clèves lut cette lettre et la relut plusieurs fois, sans savoir néanmoins ce qu'elle avait lu : elle voyait seulement que M. de Nemours ne l'aimait pas comme elle avait pensé, et qu'il en aimait d'autres qu'il trompait comme elle. Quelle vue et quelle connaissance pour une personne de son humeur, qui avait une passion violente, qui venait d'en donner des marques à un homme qu'elle en jugeait indigne, et à un autre qu'elle maltraitait pour l'amour de lui ! Jamais affliction n'a été si piquante et si vive : il lui semblait que ce qui faisait l'aigreur de cette affliction était ce qui s'était passé dans cette journée, et que si M. de Nemours n'eût point eu lieu de croire qu'elle l'aimait, elle ne se fût pas souciée qu'il en eût aimé une autre. Mais elle se trompait elle-même ; et ce mal, qu'elle trouvait si insupportable, était la jalousie avec toutes les horreurs dont elle peut être accompagnée.

Elle voyait par cette lettre que M. de Nemours avait une galanterie depuis long-temps. Elle trouvait que celle qui avait écrit la lettre avait de l'esprit et du mérite : elle lui paraissait digne d'être aimée ; elle lui trouvait plus de courage qu'elle ne s'en trouvait à elle-même, et elle enviait la force qu'elle avait eue de cacher ses sentimens à M. de Nemours. Elle voyait, par la fin de la lettre, que cette personne se croyait aimée : elle pensait que la discrétion que ce prince lui avait fait paraître, et dont elle avait été si touchée, n'était peut-être que l'effet de la passion qu'il avait pour cette autre personne à qui il craignait de déplaire. Enfin elle pensait tout ce qui pouvait augmenter son affliction et son désespoir.

Quels retours ne fit-elle point sur elle-même ! quelles réflexions sur les conseils que sa mère lui avait donnés ! Combien se repentit-elle de ne s'être pas opiniâtrée à se séparer du commerce du monde, malgré M. de Clèves, ou de n'avoir pas suivi la pensée qu'elle avait eue de lui avouer l'inclination qu'elle avait pour M. de Nemours ! Elle trouvait qu'elle aurait mieux fait de la découvrir à un mari dont elle connaissait la bonté, et qui aurait eu intérêt à la cacher, que de la laisser voir à un homme qui en était indigne, qui la trompait, qui la sacrifiait peut-être, et qui ne pensait à être aimé d'elle que par un sentiment d'orgueil et de vanité ; enfin elle trouva que tous les maux qui lui pouvaient arriver, et

toutes les extrémités où elle se pouvait porter, étaient
moindres que d'avoir laissé voir à M. de Nemours
qu'elle l'aimait, et de connaître qu'il en aimait une autre. Tout ce qui la consolait était de penser au moins
qu'après cette connaissance elle n'avait plus rien à craindre d'elle-même, et qu'elle serait entièrement guérie de
l'inclination qu'elle avait pour ce prince.

Elle ne pensa guère à l'ordre que Mm la dauphine
lui avait donné de se trouver à son coucher, elle se mit
au lit et feignit de se trouver mal; en sorte que quand
M. de Clèves revint de chez le roi on lui dit qu'elle
était endormie; mais elle était bien éloignée de la tran-
quillité qui conduit au sommeil. Elle passa la nuit sans
faire autre chose que s'affliger et relire la lettre qu'elle
avait entre les mains.

Mme de Clèves n'était pas la seule personne dont
cette lettre troublait le repos. Le vidame de Chartres
qui l'avait perdue, et non M. de Nemours, en était dans
une extrême inquiétude : il avait passé tout le soir chez
M. de Guise, qui avait donné un grand souper au duc
de Ferrare, son beau-frère, et à toute la jeunesse de la
cour.

Le hasard fit qu'en soupant l'on parla de jolies lettres. Le vidame de Chartres dit qu'il en avait une sur
lui plus jolie que toutes celles qui avaient jamais été
écrites. On le pressa de la montrer, il s'en défendit.
M. de Nemours lui soutint qu'il n'en avait point, et

qu'il ne parlait que par vanité. Le vidame lui répondit qu'il poussait sa discrétion à bout, que néanmoins il ne montrerait pas la lettre, mais qu'il en lirait quelques endroits qui feraient juger que peu d'hommes en recevaient de pareilles.

En même temps il voulut prendre cette lettre, et ne la trouva point. Il la chercha inutilement, on lui en fit la guerre ; mais il parut si inquiet qu'on cessa de lui en parler. Il se retira plus tôt que les autres, et s'en alla chez lui avec impatience pour voir s'il n'y avait point laissé la lettre qui lui manquait.

Comme il la cherchait encore, le premier valet de chambre de la reine le vint trouver pour lui dire que la vicomtesse d'Uzès avait cru nécessaire de l'avertir en diligence que l'on avait dit chez la reine qu'il était tombé une lettre de galanterie de sa poche pendant qu'il était au jeu de paume ; que l'on avait raconté une grande partie de ce qui était dans la lettre ; que la reine avait témoigné beaucoup de curiosité de la voir ; qu'elle l'avait envoyé demander à un de ses gentilshommes servans, mais qu'il avait répondu qu'il l'avait laissée entre les mains de Châtelart.

Le premier valet de chambre dit encore beaucoup d'autres choses au vidame de Chartres, qui achevèrent de lui donner un grand trouble. Il sortit à l'heure même pour aller chez un gentilhomme qui était ami intime de Châtelart ; il le fit lever, quoique l'heure fût extraordinaire pour aller demander cette lettre, sans dire qui était celui qui la demandait, et qui l'avait perdue. Châtelart, qui avait l'esprit prévenu qu'elle était à M. de Nemours, et que ce prince était amoureux de Mme la dauphine, ne douta point que ce ne fût lui qui la faisait redemander. Il répondit, avec une maligne joie, qu'il avait remis la lettre entre les mains de la reine-dauphine. Le gentilhomme vint faire cette réponse au vidame de Chartres : elle augmenta l'inquiétude qu'il avait déjà, et y en joignit encore de nouvelles. Après avoir été long-temps irrésolu sur ce qu'il devait faire, il trouva qu'il n'y avait que M. de Nemours qui pût lui aider à sortir de l'embarras où il était.

Il s'en alla chez lui, et entra dans sa chambre, que le jour ne commençait qu'à paraître. Ce prince dormait d'un sommeil tranquille; ce qu'il avait vu, le jour précèdent, de Mme de Clèves, ne lui avait donné que des idées générales.

Il fut bien surpris de se voir éveillé par le vidame de Chartres, et il lui demanda si c'était pour se venger de ce qu'il lui avait dit pendant le souper qu'il venait troubler son repos. Le vidame lui fit bien juger, par son visage, qu'il n'y avait rien de sérieux au sujet qui l'amenait. Je viens vous confier la plus importante affaire de ma vie, lui dit-il. Je sais bien que vous ne m'en devez pas être obligé, puisque c'est dans un temps où j'ai besoin de votre secours; mais je sais bien aussi que j'aurais perdu de votre estime si je vous avais appris tout ce que je vais vous dire sans que la nécessité m'y eût contraint. J'ai laissé tomber cette lettre dont je parlais hier soir; il m'est d'une conséquence extrême que personne ne sache qu'elle s'adresse à moi. Elle a été vue de beaucoup de gens qui étaient dans le jeu de paume où elle tomba hier; vous y étiez aussi, et je vous demande en grâce de vouloir bien dire que c'est vous qui l'avez perdue. Il faut que vous croyiez que je n'ai point de maîtresse, reprit M. de Nemours en souriant, pour me faire une pareille proposition, et pour vous imaginer qu'il n'y ait personne avec qui je me puisse brouiller en laissant croire que je reçois de pareilles lettres. Je vous prie, dit le vidame, écoutez-moi sérieusement : si vous avez une maîtresse, comme je n'en doute point, quoique je ne sache pas qui elle est, il vous sera aisé de vous justifier; je vous en donnerait les moyens infaillibles; quand vous ne vous justifieriez pas auprès d'elle, il ne vous en peut coûter que d'être brouillé pour quelques momens; mais moi, par cette aventure, je déshonore une personne qui m'a passionnément aimé et qui est une des plus estimables femmes du monde; et, d'un autre côté, je m'attire une haine implacable, qui me coûtera ma fortune et peut-être quelque chose de plus. Je ne puis entendre tout ce que vous me dites, répondit M. de Nemours, mais vous me faites entrevoir que les bruits qui ont couru de l'inté-

rêt qu'une grande princesse prenait à vous ne sont pas
entièrement faux. Il ne le sont pas aussi, répartit le vidame de Chartres, et plût à Dieu qu'ils le fussent! je
ne me trouverais pas dans l'embarras où je me trouve;
mais il faut vous raconter tout ce qui s'est passé pour
vous faire voir tout ce que j'ai à craindre.

Depuis que je suis à la cour, la reine m'a toujours
traité avec beaucoup de distinction et d'agrément, et
j'avais eu lieu de croire qu'elle avait de la bonté pour
moi; néanmoins il n'y avait rien de particulier, et je
n'avais jamais songé à avoir d'autres sentimens pour
elle que ceux du respect. J'étais même fort amoureux
de Mme de Thémines : il est aisé de juger, en la
voyant, qu'on peut avoir beaucoup d'amour pour elle
quand on est aimé, et je l'étais. Il y a près de deux ans
que, comme la cour était à Fontainebleau, je me trouvai deux ou trois fois en conversation avec la reine à
des heures où il y avait très peu de monde. Il me parut
que mon esprit lui plaisait, et qu'elle entrait dans tout
ce que je lui disais. Un jour, entre autres, on se mit à
parler de la confiance : je dis qu'il n'y avait personne
en qui j'en eusse une entière; que je trouvais que l'on
se repentait toujours d'en avoir, et que je savais beaucoup de choses dont je n'avais jamais parlé. La reine
me dit qu'elle m'en estimait davantage; qu'elle n'avait
trouvé personne en France qui eût du secret, et que
c'était ce qui l'avait le plus embarrassée, parce que cela

lui avait ôté le plaisir de donner sa confiance; que c'était une chose nécessaire dans la vie que d'avoir quelqu'un à qui l'on pût parler, et surtout pour des personnes de son rang. Les jours suivans, elle reprit encore la même conversation; elle m'apprit même des choses assez particulières qui se passaient. Enfin il me sembla qu'elle souhaitait de s'assurer de mon secret, et qu'elle avait envie de me confier les siens. Cette pensée m'attacha à elle : je fus touché de cette distinction, et je lui fis ma cour avec beaucoup plus d'assiduité que je n'avais accoutumé. Un soir que le roi et toutes les dames s'étaient allés promener à cheval dans la forêt, où elle n'avait pas voulu aller parce qu'elle s'était trouvée un peu mal, je demeurai auprès d'elle : elle descendit au bord de l'étang, et quitta la main de ses écuyers pour marcher plus en liberté. Après qu'elle eut fait quelques tours, elle s'approcha de moi et m'ordonna de le suivre. Je veux vous parler, me dit-elle, et vous verrez, par ce que je veux vous dire, que je suis de vos amies. Elle s'arrêta à ces paroles, et me regardant fixement : Vous êtes amoureux, continua-t-elle; et parce que vous ne vous fiez peut-être à personne, vous croyez que votre amour n'est pas su; mais il est connu, et même des personnes intéressées. On vous observe, on sait les lieux où vous voyez votre maîtresse; on a dessein de vous y surprendre. Je ne sais qui elle est, je ne vous le demande point, et je veux seulement

vous garantir des malheurs où vous pouvez tomber. Elle
voulait savoir si j'étais amoureux, et en ne demandant
point de qui je l'étais, et en ne me laissant voir que la
seule intention de me faire plaisir, elle m'ôtait la pensée
qu'elle me parlât par curiosité ou par dessein.

Cependant, contre toutes sortes d'apparences, je dé-
mêlai la vérité. J'étais amoureux de Mme de Thémines ; mais, quoiqu'elle m'aimât, je n'étais pas assez
heureux pour avoir des lieux particuliers à la voir et
pour craindre d'y être surpris, et ainsi je vis bien que
ce ne pouvait être celle dont la reine voulait parler. Je
savais bien aussi que j'avais un commerce de galanterie avec une autre femme moins belle et moins sévère
que Mme de Thémines, et qu'il n'était pas impossible
que l'on eût découvert le lieu où je la voyais ; mais,
comme je m'en souciais peu, il m'était aisé de me mettre à couvert de toutes sortes de périls en cessant de la
voir. Ainsi je pris le parti de ne rien avouer à la reine,
et de l'assurer, au contraire, qu'il y avait très long-
temps que j'avais abandonné le désir de me faire aimer
des femmes dont je pouvais espérer de l'être, parce que
je les trouvais quasi toutes indignes d'attacher un honnête homme, et qu'il n'y avait que quelque chose fort
au dessus d'elles qui pût m'engager. Vous ne me ré-
pondez pas sincèrement, répliqua la reine ; je sais le
contraire de ce que vous me dites. La manière dont je
vous parle vous doit obliger à ne me rien cacher. Je

veux que vous soyez de mes amis, continua-t-elle ; mais je ne veux pas, en vous donnant cette place, ignorer quels sont vos attachemens. Voyez si vous la voulez acheter au prix de me les apprendre : je vous donne deux jours pour y penser ; mais, après ce temps-là, songez bien à ce que vous me direz, et souvenez-vous que si dans la suite je trouve que vous m'avez trompée, je ne vous le pardonnerai de ma vie.

La reine me quitta après m'avoir dit ces paroles sans attendre ma réponse. Vous pouvez croire que je demeurai l'esprit bien rempli de ce qu'elle venait de me dire. Les deux jours qu'elle m'avait donnés pour y penser ne me parurent pas trop longs pour me déterminer. Je voyais bien qu'elle voulait savoir si j'étais amoureux, et qu'elle ne souhaitait pas que je le fusse. Je voyais les suites et les conséquences du parti que j'allais prendre ; ma vanité n'était pas peu flattée d'une liaison particulière avec une reine, et une reine dont la personne est encore extrêmement aimable. D'un autre côté, j'aimais Mme de Thémines ; et, quoique je lui fisse une espèce d'infidélité pour cette autre femme dont je vous ai parlé, je ne pouvais me résoudre à rompre avec elle. Je voyais aussi le péril où je m'exposais en trompant la reine, et combien il était difficile de la tromper ; néanmoins je ne pus me résoudre à refuser ce que la fortune m'offrait, et je pris le hasard de tout ce que ma mauvaise conduite pouvait m'attirer. Je rompis avec

cette femme dont on pouvait découvrir le commerce,
et j'espérai de cacher celui que j'avais avec Mme de
Thémines.

Au bout des deux jours que la reine m'avait donnés,
comme j'entrais dans la chambre où toutes les dames
étaient au cercle, elle me dit tout haut avec un air grave
qui me surprit : Avez-vous pensé à cette affaire dont
je vous ai chargé, et en savez-vous la vérité? Oui, madame, lui répondis-je, et elle est comme je l'ai dite à
votre majesté. Venez ce soir à l'heure que je dois
écrire, répliqua-t-elle, et j'achèverai de vous donner
mes ordres. Je fit une profonde révérence sans rien répondre, et ne manquai pas de me trouver à l'heure
qu'elle m'avait marquée. Je la trouvai dans la galerie
où étaient son secrétaire et quelqu'une de ses femmes.
Sitôt qu'elle me vit, elle vint à moi et me mena à l'autre bout de la galerie. Eh bien! me dit-elle, est-ce
après y avoir bien pensé que vous n'avez rien à me
dire? et la manière dont j'en use avec vous ne mérite-
t-elle pas que vous me parliez sincèrement? C'est parce
que je vous parle sincèrement, madame, lui dis-je, que
je n'ai rien à vous dire, et je jure à votre majesté, avec
tout le respect que je lui dois, que je n'ai d'attachement pour aucune femme de la cour. Je le veux croire,
répartit la reine, parce que je le souhaite, et je le souhaite parce que je désire que vous soyez entièrement
attaché à moi, et qu'il serait impossible que je fusse

contente de votre amitié si vous étiez amoureux. On ne
peut se fier à ceux qui le sont, on ne peut s'assurer de
leur secret : ils sont trop distraits et trop partagés, et
leur maîtresse leur fait une première occupation qui ne
s'accorde point avec la manière dont je veux que vous
soyez attaché à moi. Souvenez-vous donc que c'est sur
la parole que vous me donnez que vous n'avez aucun
engagement que je vous choisis pour vous donner toute
ma confiance. Souvenez-vous que je veux la vôtre tout
entière ; que je veux que vous n'ayez ni ami, ni amie
que ceux qui me seront agréables, et que vous aban-
donniez tout autre soin que celui de me plaire. Je ne
vous ferai pas perdre celui de votre fortune ; je la con-
duirai avec plus d'application que vous-même, et, quoi
que je fasse pour vous, je m'en tiendrai bien trop ré-
compensée si je vous trouve pour moi tel que je l'espère. Je vous choisis pour vous confier tous mes chagrins et pour m'aider à les adoucir. Vous pouvez juger
qu'ils ne sont pas médiocres. Je souffre en apparence,
sans beaucoup de peine, l'attachement du roi pour la
duchesse de Valentinois, mais il m'est insupportable.
Elle gouverne le roi, elle le trompe, elle me méprise ;
tous mes gens sont à elle. La reine ma fille, fière de sa
beauté et du crédit de ses oncles, ne me rend aucun
devoir. Le connétable de Montmorency est maître du
roi et du royaume ; il me hait, et m'a donné des marques de sa haine que je ne puis oublier. Le maréchal

de Saint-André est un jeune favori audacieux, qui n'en use pas mieux avec moi que les autres. Le détail de mes malheurs vous ferait pitié; je n'ai osé jusqu'ici me fier à personne; je me fie à vous; faites que je ne m'en repente point, et soyez ma seule consolation. Les yeux de la reine rougirent en achevant ces paroles; je pensai me jeter à ses pieds, tant je fus véritablement touché de la bonté qu'elle me témoignait. Depuis ce jour-là elle eut en moi une entière confiance; elle ne fit plus rien sans m'en parler, et j'ai conservé une liaison qui dure encore.

TROISIÈME PARTIE.

Cependant, quelque rempli et quelque occupé que je fusse de cette nouvelle liaison avec la reine, je tenais à Mme de Thémines par une inclination naturelle que je ne pouvais vaincre : il me parut qu'elle cessait de m'aimer ; et, au lieu que, si j'eusse été sage, je me fusse servi du changement qui paraissait en elle pour m'aider à me guérir, mon amour en redoubla, et je me conduisais si mal que la reine eut quelque connaissance de cet attachement. La jalousie est naturelle aux personnes de sa nation, et peut-être que cette princesse a pour moi des sentimens plus vifs qu'elle ne pense elle-même. Mais enfin le bruit que j'étais amoureux lui donna de si grandes inquiétudes et de si grands chagrins que je me crus cent fois perdu auprès d'elle. Je la rassurai enfin à force de soins, de soumissions et de faux sermens ; mais je n'aurais pu la tromper longtemps, si le changement de Mme de Thémines ne m'a-

vait détaché d'elle malgré moi. Elle me fit voir qu'elle
ne m'aimait plus; et j'en fus si persuadé que je fus contraint de ne la pas tourmenter davantage et de la laisser
en repos. Quelque temps après elle m'écrivit cette lettre que j'ai perdue. J'appris par là qu'elle avait su le
commerce que j'avais eu avec cette autre femme dont je
vous ai parlé, et que c'était la cause de son changement.
Comme je n'avais plus rien alors qui me partageât, la
reine était assez contente de moi; mais comme les sentimens que j'ai pour elle ne sont pas d'une nature à me
rendre incapable de tout autre attachement, et que l'on
n'est pas amoureux par sa volonté, je le suis devenu de
Mme de Martigues, pour qui j'avais déjà eu beaucoup
d'inclination pendant qu'elle était Ville-Montais, fille de
la reine-dauphine. J'ai lieu de croire que je n'en suis
pas haï; la discrétion que je lui fais paraître, et dont
elle ne sait pas toutes les raisons, lui est agréable. La
reine n'a aucun soupçon sur son sujet; mais elle en a
un autre qui n'est guère moins fâcheux. Comme Mme de
Martigues est toujours chez la reine-dauphine, j'y vais
aussi beaucoup plus souvent que de coutume. La reine
s'est imaginé que c'est de cette princesse que je suis
amoureux. Le rang de la reine-dauphine, qui est égal
au sien, et la beauté et la jeunesse qu'elle a au dessus d'elle
lui donnent une jalousie qui va jusqu'à la fureur et une
haine contre sa belle-fille qu'elle ne saurait plus cacher. Le cardinal de Lorraine, qui me paraît depuis

long-temps aspirer aux bonnes grâces de la reine, et qui voit bien que j'occupe une place qu'il voudrait remplir sous prétexte de raccommoder Mme la dauphine avec elle, est entré dans les différends qu'elles ont eus ensemble. Je ne doute pas qu'il n'ait démêlé le véritable sujet de l'aigreur de la reine, et je crois qu'il me rend toutes sortes de mauvais offices, sans lui laisser voir qu'il a dessein de me les rendre. Voilà l'état où sont les choses à l'heure que je vous parle. Jugez quel effet peut produire la lettre que j'ai perdue, et que mon malheur m'a fait mettre dans ma poche pour la rendre à Mme de Thémines. Si la reine voit cette lettre, elle connaîtra que je l'ai trompée, et que, presque dans le même temps que je la trompais pour Mme de Thémines, je trompais Mme de Thémines pour une autre : jugez quelle idée cela lui peut donner de moi, et si elle peut jamais se fier à mes paroles. Si elle ne voit point cette lettre, que lui dirai-je? Elle sait qu'on l'a remise entre les mains de Mme la dauphine : elle croira que Châtelart a reconnu l'écriture de cette reine et que la lettre est d'elle : elle s'imaginera que la personne dont on témoigne de la jalousie est peut-être elle-même : enfin il n'y a rien qu'elle n'ait lieu de penser, et il n'y a rien que je ne doive craindre de ses pensées. Ajoutez à cela que je suis vivement touché de Mme de Martigues; qu'assurément Mme la dauphine lui montrera cette lettre, qu'elle croira écrite

depuis peu : ainsi je serai également brouillé et avec
la personne du monde que j'aime le plus, et avec la
personne du monde que je dois le plus craindre. Voyez,
après cela, si je n'ai pas raison de vous conjurer de dire
que la lettre est à vous, et de vous demander en grâce
de l'aller retirer des mains de Mme la dauphine.

Je vois bien, dit M. de Nemours, que l'on ne peut
être dans un plus grand embarras que celui où vous
êtes, et il faut avouer que vous le méritez. On m'a ac-
cusé de n'être pas un amant fidèle, et d'avoir plusieurs
galanteries à la fois; mais vous me passez de si loin que
je n'aurais seulement osé imaginer les choses que vous
avez entreprises. Pouviez-vous prétendre de conserver
Mme de Thémines en vous engageant avec la reine, et
espériez-vous de vous engager avec la reine et de la
pouvoir tromper? Elle est Italienne et reine, et, par
conséquent, pleine de soupçons, de jalousie et d'orgueil; quand votre bonne fortune, plutôt que votre
bonne conduite, vous a ôté des engagemens où vous
étiez, vous en avez pris de nouveaux, et vous vous êtes
imaginé qu'au milieu de la cour vous pourriez aimer
Mme de Martigues sans que la reine s'en aperçût. Vous
ne pouviez prendre trop de soin de lui ôter la honte
d'avoir fait les premiers pas. Elle a pour vous une passion violente : votre discrétion vous empêche de me le
dire et la mienne de vous le demander ; mais enfin elle
vous aime ; elle a de la défiance et la vérité est contre

vous. Est-ce à vous à m'accabler de réprimandes, interrompit le vidame, et votre expérience ne vous doit-elle pas donner de l'indulgence pour mes fautes? Je veux pourtant bien convenir que j'ai tort : mais songez, je vous en conjure, à me tirer de l'abîme où je suis. Il me paraît qu'il faudrait que vous vissiez la reine-dauphine sitôt qu'elle sera éveillée, pour lui demander cette lettre comme l'avant perdue. Je vous ai déjà dit, reprit M. de Nemours, que la proposition que vous me faites est un peu extraordinaire, et que mon intérêt particulier m'y peut faire trouver des difficultés; mais, de plus, si l'on a vu tomber cette lettre de votre poche, il me paraît difficile de persuader qu'elle soit tombée de la mienne. Je croyais vous avoir appris, répondit le vidame, que l'on a dit à la reine-dauphine que c'était de la vôtre qu'elle était tombée. Comment! reprit brusquement M. de Nemours, qui vit dans ce moment les mauvais offices que cette méprise lui pouvait faire auprès de Mme de Clèves, l'on a dit à la reine-dauphine que c'est moi qui ai laissé tomber cette lettre? Oui, reprit le vidame, on le lui a dit; et, ce qui a fait cette méprise, c'est qu'il y avait plusieurs gentilshommes des reines dans une des chambres du jeu de paume où étaient nos habits, et que vos gens et les miens les ont été quérir en même temps : la lettre est tombée, ces gentilshommes l'ont ramassée et on l'a lue tout haut. Les uns ont cru qu'elle était à vous, et les autres à moi.

Châtelart, qui l'a prise, et à qui je viens de la faire demander, a dit qu'il l'avait donnée à la reine-dauphine comme une lettre qui était à vous; et ceux qui en ont parlé à la reine ont dit, par malheur, qu'elle était à moi : ainsi vous pouvez faire aisément ce que je souhaite, et m'ôter de l'embarras où je suis.

M. de Nemours avait toujours fort aimé le vidame de Chartres, et ce qu'il était à Mme de Clèves le lui rendait encore plus cher. Néanmoins il ne pouvait se résoudre à prendre le hasard qu'elle entendît parler de cette lettre comme d'une chose où il avait intérêt. Il se mit à rêver profondément, et le vidame, se doutant à peu près du sujet de sa rêverie : je crois bien, lui dit-il, que vous craignez de vous brouiller avec votre maîtresse, et même vous me donneriez lieu de croire que c'est avec la reine-dauphine, si le peu de jalousie que je vous vois de M. d'Anville ne m'en ôtait la pensée ; mais, quoi qu'il en soit, il est juste que vous ne sacrifiez pas votre repos au mien, et je veux bien vous donner les moyens de faire voir à celle que vous aimez que cette lettre s'adresse à moi et non pas à vous; voilà un billet de Mme d'Amboise, qui est amie de Mme de Thémines, et à qui elle s'est fiée de tous les sentimens qu'elle a eus pour moi. Par ce billet, elle me redemande cette lettre de son amie, que j'ai perdue. Mon nom est sur le billet, et ce qui est dedans prouve, sans aucun doute, que la lettre que l'on me redemande est la même que

l'on a trouvée. Je vous remets ce billet entre les mains,
et je consens que vous le montriez à votre maîtresse
pour vous justifier. Je vous conjure de ne perdre pas
un moment et d'aller dès ce matin chez Mme la dauphine.

M. de Nemours le promit au vidame de Chartres, et
prit le billet de Mme d'Amboise : néanmoins son dessein n'était pas de voir la reine-dauphine, il trouvait
qu'il avait quelque chose de plus pressé à faire. Il ne
doutait pas qu'elle n'eût déjà parlé de la lettre à Mme de
Clèves, et il ne pouvait supporter qu'une personne qu'il
aimait éperdument eût lieu de croire qu'il eût quelque
attachement pour une autre.

Il alla chez elle à l'heure qu'il crut qu'elle pouvait être
éveillée, et lui fit dire qu'il ne demanderait pas à avoir
l'honneur de la voir à une heure si extraordinaire si
une affaire de conséquence ne l'y obligeait. Mme de
Clèves était encore au lit, l'esprit aigri et agité des tristes pensées qu'elle avait eues pendant la nuit. Elle fut
extrêmement surprise lorsqu'on lui dit que M. de Nemours la demandait. L'aigreur où elle était ne la fit
point balancer à répondre qu'elle était malade, et qu'elle
ne pouvait lui parler. Ce prince ne fut pas blessé de ce
refus : une marque de froideur dans un temps où elle
pouvait avoir de la jalousie n'était pas un mauvais au-
gure. Il alla à l'appartement de M. de Clèves, et lui
dit qu'il venait de celui de Mme sa femme ; qu'il était

bien fâché de ne la pouvoir entretenir, parce qu'il avait
à lui parler d'une affaire importante pour le vidame de
Chartres. Il fit entendre en peu de mots à M. de Clèves
la conséquence de cette affaire, et M. de Clèves le mena
à l'heure même dans la chambre de sa femme. Si elle
n'eût point été dans l'obscurité, elle eût eu peine à cacher son trouble et son étonnement de voir entrer M. de
Nemours conduit par son mari. M. de Clèves lui dit
qu'il s'agissait d'une lettre où l'on avait besoin de son
secours pour les intérêts du vidame; qu'elle verrait avec
M. de Nemours ce qu'il y avait à faire, et que, pour
lui, il s'en allait chez le roi, qui venait de l'envoyer
quérir.

M. de Nemours demeura seul auprès de Mme de Clèves, comme il le pouvait souhaiter.

— Je viens vous demander, madame, lui dit-il, si
Mme la dauphine ne vous a point parlé d'une lettre que
Châtelart lui remit hier entre les mains.

— Elle m'en a dit quelque chose, répondit Mme de
Clèves; mais je ne vois pas ce que cette lettre a de com-
mun avec les intérêts de mon oncle, et je vous puis
assurer qu'il n'y est pas nommé.

— Il est vrai, madame, répliqua M. de Nemours, il
n'y est pas nommé; néanmoins elle s'adresse à lui, et il
lui est très important que vous la retiriez des mains de
Mme la dauphine.

— J'ai peine à comprendre, reprit Mme de Clèves,

pourquoi il lui importe que cette lettre soit vue, et pourquoi il faut la redemander sous son nom.

— Si vous voulez vous donner le loisir de m'écouter,
madame, dit M. de Nemours, je vous ferai bientôt voir
la vérité, et vous apprendrez des choses si importan-
tes pour M. le vidame, que je ne les aurais pas même
confiées à M. le prince de Clèves, si je n'avais eu
besoin de son secours pour avoir l'honneur de vous
voir.

— Je pense que tout ce que vous prendriez la peine
de me dire serait inutile, répondit Mme de Clèves avec
un air assez sec; et il vaut mieux que vous alliez trouver la reine-dauphine, et que, sans chercher de détours,
vous lui disiez l'intérêt que vous avez à cette lettre,
puisque aussi bien on lui a dit qu'elle vient de vous.

L'aigreur que M. de Nemours voyait dans l'esprit de
Mme de Clèves lui donnait le plus sensible plaisir qu'il
eût jamais eu, et balançait son impatience de se justifier.

—Je ne sais, madame, reprit-il, ce qu'on peut avoir
dit à Mme la dauphine; mais je n'ai aucun intérêt à cette
lettre, et elle s'adresse à M. le vidame.

—Je le crois, répliqua Mme de Clèves; mais on a
dit le contraire à la reine-dauphine, et il ne lui paraîtra pas vraisemblable que les lettres de M. le vidame
tombent de vos poches: c'est pourquoi, à moins que
vous n'ayiez quelque raison, que je ne sais point, à ca-

cher la vérité à la reine-dauphine, je vous conseille de
la lui avouer.

— Je n'ai rien à lui avouer, reprit-il ; la lettre ne
s'adresse pas à moi, et, s'il y a quelqu'un que je souhaite d'en persuader, ce n'est pas Mme sa dauphine :
mais, madame, comme il s'agit en ceci de la fortune de M. le vidame, trouvez bon que je vous apprenne
des choses qui sont même dignes de votre curiosité.

Mme de Clèves témoigna par son silence qu'elle était
prête à l'écouter ; et M. de Nemours lui conta, le plus
succinctement qu'il lui fût possible, tout ce qu'il venait
d'apprendre du vidame.

Quoique ce fussent des choses propres à donner de
l'étonnement, et à être écoutées avec attention, Mme de
Clèves les entendit avec une froideur si grande qu'il
semblait qu'elle ne les crût pas véritables ou qu'elles lui
fussent indifférentes. Son esprit demeura dans cette situation jusqu'à ce que M. de Nemours lui parla du
billet de Mme d'Amboise, qui s'adressait au vidame
de Chartres, et qui était la preuve de tout ce qu'il lui
venait de dire.

Comme Mme de Clèves savait que cette femme était
amie de Mme de Thémines, elle trouva une apparence
de vérité à ce que lui disait M. de Nemours qui lui
fit penser que la lettre ne s'adressait peut-être pas à lui.
Cette pensée la tira tout d'un coup, et malgré elle, de
la froideur qu'elle avait eue jusqu'alors. Ce prince,

après lui avoir lu le billet qui faisait sa justification,
le lui présenta pour le lire, et lui dit qu'elle en pouvait
connaître l'écriture : elle ne put s'empêcher de le prendre, de regarder le dessus pour voir s'il s'adressait au
vidame de Chartres, et de le lire tout entier, pour juger
si la lettre que l'on redemandait était la même qu'elle
avait entre les mains. M. de Nemours lui dit encore
tout ce qu'il crut propre à la persuader ; et comme on
persuade aisément une vérité agréable, il convainquit
Mme de Clèves qu'il n'avait point de part à cette lettre.

Elle commença alors à raisonner avec lui sur l'embarras et le péril où était le vidame, à le blâmer de sa
méchante conduite, à chercher les moyens de le secou-
rir : elle s'étonna du procédé de la reine ; elle avoua à
M. de Nemours qu'elle avait la lettre ; enfin, sitôt qu'elle
le crut innocent, elle entra avec un esprit ouvert et tranquille dans les mêmes choses qu'elle semblait d'a-
bord ne daigner pas entendre. Ils convinrent qu'il ne fallait point rendre la lettre à la reine-dauphine, de peur
qu'elle ne la montrât à Mme de Martigues, qui connaissait
l'écriture de Mme de Thémines, et qui aurait aisément
deviné, par l'intérêt qu'elle prenait au vidame, qu'elle
s'adressait à lui. Ils trouvèrent aussi qu'il ne fallait pas
confier à la reine-dauphine tout ce qui regardait la reine
sa belle-mère. Mme de Clèves, sous le prétexte des affaires de son oncle, entrait avec plaisir à garder tous les
secrets que M. de Nemours lui confiait.

Ce prince ne lui eût pas toujours parlé des intérêts du
vidame, et la liberté où il se trouvait de l'entretenir lui
eût donné une hardiesse qu'il n'avait encore osé
prendre, si l'on ne fût venu dire à Mme de Clèves que
la reine-dauphine lui ordonnait de l'aller trouver. M. de
Nemours fut contraint de se retirer.

Il alla trouver le vidame pour lui dire qu'après l'avoir
quitté il avait pensé qu'il était plus à propos de s'adres-
ser à Mme de Clèves, qui était sa nièce, que d'aller droit
à Mme la dauphine. Il ne manqua pas de raisons pour
faire approuver ce qu'il avait fait, et pour en faire espérer un bon succès.

Cependant Mme de Clèves s'habilla en diligence pour
aller chez la reine. A peine parut-elle dans sa chambre que cette princessse la fit approcher, et lui dit tout
bas :

— Il y a deux heures que je vous attends, et jamais
je n'ai été si embarrassée à déguiser la vérité que je l'ai
été ce matin.

La reine a entendu parler de la lettre que je vous
donnai hier ; elle croit que c'est le vidame de Chartres
qui l'a laissée tomber. Vous savez qu'elle y prend quelque intérêt : elle a fait chercher cette lettre ; elle l'a
fait demander à Châtelart, il a dit qu'il me l'avait donnée : on me l'est venu demander sur le prétexte que
c'était une jolie lettre qui donnait de la curiosité à la
reine. Je n'ai osé dire que vous l'aviez ; j'ai cru qu'elle

s'imaginerait que je vous l'avais mise entre les mains à cause du vidame, votre oncle, et qu'il y avait une grande intelligence entre lui et moi.

Il m'a déjà paru qu'elle souffrait avec peine qu'il me vît souvent ; de sorte que j'ai dit que la lettre était dans les habits que j'avais hier, et que ceux qui en avaient la clé étaient sortis.

Donnez-moi promptement cette lettre, ajouta-t-elle, afin que je la lui envoie, et que je la lise avant de l'envoyer, pour voir si je n'en connaîtrai point l'écriture.

Mme de Clèves se trouva encore plus embarrassée qu'elle n'avait pensé.

—Je ne sais, madame, comment vous ferez, répondit-elle ; car M. de Clèves, à qui je l'avais donnée à lire, l'a rendue à M. de Nemours, qui est venu dès ce matin le prier de vous la redemander. M. de Clève a eu l'imprudence de lui dire qu'il l'avait, et il a eu la faiblesse de céder aux prières que M. de Nemours lui a faites de la lui rendre.

—Vous me mettez dans le plus grand embarras où je puisse jamais être, repartit Mme la dauphine, et vous avez tort d'avoir rendu cette lettre à M. de Nemours : puisque c'était moi qui vous l'avais donnée, vous ne deviez point la rendre sans ma permission. Que voulez-vous que je dise à la reine ? et que pourra-t-elle s'imaginer ? Elle croira, et avec apparence, que cette lettre me regarde, et qu'il y a quelque chose entre le vidame et moi. Jamais on ne lui persuadera que cette lettre soit à M. de Nemours.

— Je suis très affligée, répondit Mme de Clèves, de l'embarras que je vous cause : je le crois aussi grand qu'il est ; mais c'est la faute de M. de Clèves, et non pas la mienne.

— C'est la vôtre, répliqua Mme la dauphine, de lui avoir donné la lettre ; et il n'y a que vous de femme au monde qui fasse confidence à son mari de toutes les choses qu'elles sait.

— Je crois que j'ai tort, madame, répliqua Mme de Clèves ; mais songez à réparer ma faute, et non pas à l'examiner.

— Ne vous souvenez-vous point à peu près de ce qui est dans cette lettre ? dit alors la reine-dauphine.

— Oui, Madame, répondit-elle, je m'en ressouvins et l'ai relue plus d'une fois.

— Si cela est, reprit Mme la dauphine, il faut que vous alliez tout à l'heure la faire écrire d'une main inconnue ; je l'enverrai à la reine, elle ne la montrera pas à ceux qui l'on vue ; quand elle le ferait, je soutiendrai toujours que c'est celle que Châtelart m'a donnée, et il n'oserait dire le contraire.

Mme de Clèves entra dans cette expédient, et d'autant plus qu'elle pensa qu'elle enverrait quérir M. de Nemours pour ravoir la lettre même, afin de la faire copier mot à mot, et d'en faire à peu près imiter l'écriture ;

et elle crut que la reine y serait infailliblement trompée.
Sitôt qu'elle fut chez elle, elle conta à son mari l'embarras de Mme la dauphine, et le pria d'envoyer chercher M. de Nemours. On le chercha ; il vint en diligence. Mme de Clèves lui dit tout ce qu'elle avait déjà
appris à son mari, et lui demanda sa lettre ; mais M. de
Nemours répondit qu'il l'avait déjà rendue au vidame
de Chartres, qui avait eu tant de joie de la ravoir et de
se trouver hors du péril qu'il aurait couru, qu'il l'avait
renvoyée à l'heure même à l'amie de Mme de Thémines.
Mme de Clèves se trouva dans un nouvel embarras ; et
enfin, après avoir bien consulté, ils résolurent de faire
la lettre de mémoire. Ils s'enfermèrent pour y travailler : on donna ordre à la porte de ne laisser entrer personne, et on renvoya tous les gens de M. de Nemours.
Cet air de mystère et de confidence n'était pas d'un
médiocre charme pour ce prince, et même pour Mme de
Clèves. La présence de son mari et les intérêts du vidame de Chartres la rassuraient en quelque sorte sur
ses scrupules ; elle ne sentait que le plaisir de voir M. de
Nemours ; elle en avait une joie pure et sans mélange
qu'elle n'avait jamais sentie : cette joie lui donnait
une liberté et un enjouement dans l'esprit que M. de
Nemours ne lui avait jamais vus, et qui redoublaient son
amour. Comme il n'avait point eu encore de si agréables
momens, sa vivacité en était augmentée ; et quand
Mme de Clèves voulut commencer à se souvenir de la

lettre et à l'écrire, ce prince, au lieu de lui aider sérieusement, ne faisait que l'interrompre et lui dire des
choses plaisantes. Mme de Clèves entra dans le même
esprit de gaîté, de sorte qu'il y avait déjà long-temps
qu'ils étaient enfermés, et on était déjà venu deux fois
de la part de la reine-dauphine pour dire à Mme de
Clèves de se dépêcher, qu'ils n'avaient pas encore fait
la moitié de la lettre.

M. de Nemours était bien aise de faire durer un
temps qui lui était si agréable, et oubliait les intérêts
de son ami. Mme de Clèves ne s'ennuyait pas, et oubliait aussi les intérêts de son oncle; enfin, à peine à
quatre heures la lettre était-elle achevé, et elle était si
mal, et l'écriture dont on la fit copier ressemblait si peu
à celle que l'on avait eu dessein d'imiter, qu'il eût fallu
que la reine n'eût guère pris soin d'éclaircir la vérité
pour ne la pas connaître : aussi n'y fut-elle pas
trompée.

Quelque soin que l'on prît de lui persuader que
cette lettre s'adressait à M. de Nemours, elle demeura
convaincue non seulement qu'elle était au vidame de
Chartres, mais elle crut que la reine-dauphine y avait
part, et qu'il y avait quelque intelligence entre eux :
cette pensée augmenta tellement la haine qu'elle avait
pour cette princesse, qu'elle ne lui pardonna jamais et
qu'elle la persécuta jusqu'à ce qu'elle l'eût fait sortir de
la France.

Pour le vidame de Chartres, il fut ruiné auprès d'elle ; et, soit que le cardinal de Lorraine se fût déjà rendu maître de son esprit, ou que l'aventure de cette lettre, qui lui fit voir qu'elle était trompée, lui aidât à démêler les autres tromperies que le vidame lui avait déjà faites, il est certain qu'il ne put jamais se raccommoder sincèrement avec elle : leur liaison se rompit, et elle le perdit ensuite à la conjuration d'Amboise, où il se trouva embarrassé.

Après qu'on eut envoyé la lettre à Mme la dauphine, M. de Clèves et M. de Nemours s'en allèrent. Mme de Clèves demeura seule, et, sitôt qu'elle ne fut plus soutenue par cette joie que donne la présence de ce que l'on aime, elle revint comme d'un songe, et regarda avec étonnement la prodigieuse différence de l'état où elle se trouvait le soir d'avec celui où elle se trouvait alors : elle se remit devant les yeux l'aigreur et la froideur qu'elle avait fait paraître à M. de Nemours tant qu'elle avait cru que la lettre de Mme de Thémines s'adressait à lui. Quel calme et quelle douceur avaient succédé à cette aigreur, sitôt qu'il l'avait persuadée que cette lettre ne le regardait pas ! Quand elle pensait qu'elle s'était reproché comme un crime, le jour précédent, de lui avoir donné des marques de sensibilité que la seule compassion pouvait avoir fait naître, et que par son aigreur elle lui avait fait paraître des sentimens de jalousie qui étaient des preuves certaines

de passion, elle ne se reconnaissait plus elle-même :
quand elle pensait encore que M. de Nemours voyait
bien qu'elle connaissait son amour ; qu'il voyait bien
aussi que, malgré cette connaissance, elle ne l'en trai-
tait pas plus mal en présence même de son mari ; qu'au
contraire elle ne l'avait jamais regardé si favorablement ; qu'elle était cause que M. de Clèves l'avait envoyé quérir, et qu'ils venaient de passer un après-dîner
ensemble en particulier, elle trouvait qu'elle était d'intelligence avec M. de Nemours ; qu'elle trompait le mari
du monde qui méritait le moins d'être trompé, et elle
était honteuse de paraître si peu digne d'estime aux
yeux même de son amant. Mais ce qu'elle pouvait
moins supporter que tout le reste était le souvenir de
l'état où elle avait passé la nuit, et les cuisantes douleurs que lui avait causées la pensée que M. de Nemours
aimait ailleurs, et qu'elle était trompée.

Elle avait ignoré jusqu'alors les inquiétudes mortelles
de la défiance et de la jalousie ; elle n'avait pensé qu'à
se défendre d'aimer M. de Nemours, et elle n'avait
point encore commencé à craindre qu'il en aimât une
autre. Quoique les soupçons que lui avait donnés cette
lettre fussent effacés, ils ne laissèrent pas de lui ouvrir
les yeux sur le hasard d'être trompée, et de lui donner
des impressions de défiance et de jalousie qu'elle n'a-
vait jamais eues. Elle fut étonnée de n'avoir pas encore
pensé combien il était peu vraisemblable qu'un homm

comme M. de Nemours, qui avait toujours fait paraître
tant de légèreté parmi les femmes, fût capable d'un attachement sincère et durable. Elle trouva qu'il était
presque impossible qu'elle pût être contente de sa passion. Mais quand je le pourrais être, disait-elle, qu'en
veux-je faire? Veux-je la souffrir? Veux-je y répondre?
Veux-je m'engager dans une galanterie? Veux-je manquer à M. de Clèves? Veux-je me manquer à moi-
même? Et veux-je enfin m'exposer aux cruels repen-
tirs et aux mortelles douleurs que donne l'amour? Je
suis vaincue et surmontée par une inclination qui m'en-
traîne malgré moi; toutes mes résolutions sont inutiles;
je pensai hier tout ce que je pense aujourd'hui, et je
fais aujourd'hui tout le contraire de ce que je résolus
hier. Il faut m'arracher de la présence de M. de Nemours; il faut m'en aller à la compagne, quelque bi-
zarre que puisse paraître mon voyage; et si M. de Clèves s'opiniâtre à l'empêcher, ou à vouloir en savoir les
raisons, peut-être lui ferai-je le mal, et à moi-même
aussi, de les lui apprendre. Elle demeura dans cette
résolution, et passa tout le soir chez elle, sans aller savoir de Mme la dauphine ce qui était arrivé de la fausse
lettre du vidame.

Quand M. de Clèves fut revenu, elle lui dit qu'elle
voulait aller à la campagne, qu'elle se trouvait mal et
qu'elle avait besoin de prendre l'air. M. de Clèves, à
qui elle paraissait d'une beauté qui ne lui persuadait pas

que ses maux fussent considérables, se moqua d'abord de la proposition de ce voyage, et lui répondit qu'elle oubliait que les noces des princesses et le tournoi s'allaient faire, et qu'elle n'avait pas trop de temps pour se préparer à y paraître avec la même magnificence que les autres femmes. Les raisons de son mari ne la firent pas changer de dessein ; elle le pria de trouver bon que, pendant qu'il irait à Compiègne avec le roi, elle allât à Coulommiers, qui était une belle maison, à une journée de Paris, qu'ils faisaient bâtir avec soin. M. de Clèves y consentit : elle y alla dans le dessein de n'en pas revenir si tôt, et le roi partit pour Compiègne, où il ne devait être que peu de jours.

M. de Nemours avait eu bien de la douleur de n'avoir point revu Mme de Clèves depuis cet après-dîner qu'il avait passé avec elle agréablement, et qui avait augmenté ses espérances. Il avait une impatience de la revoir qui ne lui donnait point de repos ; de sorte que quand le roi revint à Paris il résolut d'aller chez sa sœur, la duchesse de Mercœur, qui était à la campagne, assez près de Coulommiers. Il proposa au vidame d'y aller avec lui ; il accepta aisément cette proposition, et M. de Nemours la fit dans l'espérance de voir Mme de Clèves et d'aller chez elle avec le vidame.

Mme de Mercœur les reçut avec beaucoup de joie, et ne pensa qu'à les divertir et à leur donner tous les plaisirs de la campagne. Comme ils étaient à la chasse à

courir le cerf, M. de Nemours s'égara dans la forêt.
En s'enquérant du chemin qu'il devait tenir pour s'en
retourner, il sut qu'il était proche de Coulommiers. A
ce mot de Coulommiers, sans faire aucune réflexion, et
sans savoir quel était son dessein, il alla à toute bride
du côté qu'on lui montrait. Il arriva dans la forêt, et se
laissa conduire au hasard par des routes faites avec soin
qu'il jugea bien qui conduisaient vers le château. Il
trouva au bout de ces routes un pavillon dont le dessous était un grand salon accompagné de deux cabinets,
dont l'un était ouvert sur un jardin de fleurs qui n'é-
tait séparé de la forêt que par des palissades, et le se-
cond donnait sur une grande allée du parc. Il entra
dans le pavillon, et il se serait arrêté à en regarder la
beauté, sans qu'il vît venir par cette allée du parc M. et
Mme de Clèves, accompagnés d'un grand nombre de
domestiques. Comme il ne s'était pas attendu à trouver
M. de Clèves, qu'il avait laissé auprès du roi, son premier mouvement le porta à se cacher : il entra dans le
cabinet qui donnait sur le jardin de fleurs, dans la pensée d'en sortir par une porte qui était ouverte sur la forêt ; mais voyant que Mme de Clèves et son mari s'é-
taient assis sous le pavillon, que leurs domestiques demeuraient dans le parc, et qu'ils ne pouvaient venir à
lui sans passer dans le lieu où étaient M. et Mme de
Clèves, il ne put se refuser le plaisir de voir cette princesse, ni résister à la curiosité d'écouter sa conversa-

tion avec un mari qui lui donnait plus de jalousie qu'aucun de ses rivaux.

Il entendit que M. de Clèves disait à sa femme : Mais pourquoi ne voulez-vous point revenir à Paris ? Qui vous peut retenir à la campagne ? Vous avez, depuis quelque temps, un goût pour la solitude qui m'étonne et qui m'afflige, parce qu'il nous sépare. Je vous trouve même plus triste que de coutume, et je crains que vous n'ayez quelque sujet d'affliction. Je n'ai rien de fâcheux dans l'esprit, répondit-elle avec un air embarrassé : mais le tumulte de la cour est si grand, et il y a toujours un si grand monde chez vous, qu'il est impossible que le corps et l'esprit ne se lassent, et que l'on ne cherche du repos. Le repos, répliqua-t-il n'est guère propre pour une personne de votre âge. Vous êtes chez vous, et dans la cour, de manière à ne vous pas donner de lassitude, et je craindrais plutôt que vous ne fussiez bien aise d'être séparée de moi. Vous me feriez une grande injustice d'avoir cette pensée, reprit-elle avec un embarras qui augmentait toujours ; mais je vous supplie de me laisser ici. Si vous y pouviez demeurer, j'en aurais beaucoup de joie, pourvu que vous y demeurassiez seul, et que vous voulussiez bien n'y avoir point ce nombre infini de gens qui ne vous quittent quasi jamais. Ah ! madame, s'écria M. de Clèves, votre air et vos paroles me font voir que vous avez des raisons pour souhaiter d'être seule que je ne sais point, et je vous conjure

de me les dire. Il la pressa long-temps de les lui apprendre, sans pouvoir l'y obliger ; et, après qu'elle se
fut défendue d'une manière qui augmentait toujours la
curiosité de son mari, elle demeura dans un profond
silence, les yeux baissés : puis, tout d'un coup, prenant
la parole, et le regardant : Ne me contraignez point, lui
dit-elle, à vous avouer une chose que je n'ai pas la
force de vous avouer, quoique j'en aie eu plusieurs
fois le dessein. Songez seulement que la prudence ne
veut pas qu'une femme de mon âge, et maîtresse de sa
conduite, demeure exposée au milieu de la cour. Que
me faites-vous envisager, madame? s'écria M. de Clèves. Je n'oserais vous le dire, de peur de vous offenser. Mme de Clèves ne répondit point : et son silence
achevant de confirmer son mari dans ce qu'il avait
pensé : Vous ne me dites rien, reprit-il, et c'est me
dire que je ne me trompe pas. Eh bien ! monsieur, lui
répondit-elle en se jetant à ses genoux, je vais vous
faire un aveu que l'on n'a jamais fait à son mari : mais
l'innocence de ma conduite et de mes intentions m'en
donne la force. Il est vrai que j'ai des raisons pour
m'éloigner de la cour, et que je veux éviter les périls
où se trouvent quelquefois les personnes de mon âge.
Je n'ai jamais donné nulle marque de faiblesse, et je
ne craindrais pas d'en laisser paraître, si vous me lais-
siez la liberté de me retirer de la cour, ou si j'avais encore Mme de Chartres pour aider à me conduire. Quel-

II.   5

que dangereux que soit le parti que je prends, je le
prends avec joie pour me conserver digne d'être à
vous. Je vous demande mille pardons si j'ai des sentimens qui vous déplaisent ; du moins je ne vous déplai-
rai jamais par mes actions. Songez que, pour faire ce
que je fais, il faut avoir plus d'amitié et plus d'estime
pour un mari que l'on n'en a jamais eu : conduisez-moi,
ayez pitié de moi, et aimez-moi encore, si vous pouvez.

M. de Clèves était demeuré pendant tout ce discours
la tête appuyée sur ses mains, hors de lui-même ; et il
n'avait pas songé à faire relever sa femme. Quand elle
eut cessé de parler, qu'il jeta les yeux sur elle, qu'il la
vit à ses genoux, le visage couvert de larmes, et d'une
beauté si admirable, il pensa mourir de douleur ; et,
l'embrassant en la relevant :

— Ayez pitié de moi, vous-même, madame, lui dit-
il, j'en suis digne, et pardonnez si, dans les premiers
momens d'une affliction aussi violente qu'est la mienne,
je ne réponds pas comme je dois à un procédé comme
le vôtre. Vous me paraissez plus digne d'estime et d'admiration que tout ce qu'il y a jamais eu de femmes au
monde ; mais aussi je me trouve le plus malheureux
homme qui ait jamais existé. Vous m'avez donné de la
passion dès le premier moment que je vous ai vue : vos
rigueurs et votre possession n'ont pu l'éteindre, elle
dure encore : je n'ai jamais pu vous donner de l'amour,

et je vois que vous craignez d'en avoir pour un autre.
Et qu'est-il, madame, cet homme heureux qui vous
donne cette crainte ? Depuis quand vous plaît-il?
Qu'a-t-il fait pour vous plaire? Quel chemin a-t-il
trouvé pour aller à votre cœur ? Je m'étais consolé, en
quelque sorte, de ne l'avoir pas touché, par la pensée
qu'il était incapable de l'être. Cependant un autre fait
ce que je n'ai pu faire : j'ai tout ensemble la jalousie
d'un mari et celle d'un amant ; mais il est impossible
d'avoir celle d'un mari après un procédé comme le vôtre. Il est trop noble pour ne me pas donner une sûreté, il me console même comme votre amant. La confiance et la sincérité que vous avez pour moi sont d'un
prix infini : vous m'estimez assez pour croire que je
n'abuserai pas de cet aveu. Vous avez raison, madame,
je n'en abuserai pas, et je ne vous en aimerai pas moins.
Vous me rendez malheureux par la plus grande marque de fidélité que jamais une femme ait donnée à son
mari ; mais, madame, achevez, et apprenez-moi qui est
celui que vous voulez éviter.

— Je vous supplie de ne me le point demander, répondit-elle, je suis résolue de ne vous le pas dire, et
je crois que la prudence ne veut pas que je vous le
nomme.

—Ne craignez point, madame, reprit M. de Clèves,
je connais trop le monde pour ignorer que la considéra-
tion d'un mari n'empêche pas que l'on ne soit amou-

reux de sa femme. On doit haïr ceux qui le sont et non s'en plaindre ; et, encore une fois, madame, je vous conjure de m'apprendre ce que j'ai envie de savoir.

— Vous m'en presseriez inutilement, répliqua-telle, j'ai de la force pour taire ce que je ne crois pas devoir dire. L'aveu que je vous ai fait n'a pas été par faiblesse ; et il faut plus de courage pour avouer cette vérité que pour entreprendre de la cacher.

M. de Nemours ne perdait pas une parole de cette conversation, et ce que venait de dire Mme de Clèves ne lui donnait guère moins de jalousie qu'à son mari. Il était si éperdument amoureux d'elle, qu'il croyait que tout le monde avait les mêmes sentimens. Il était véritable aussi qu'il avait plusieurs rivaux ; mais il s'en imaginait encore davantage, et son esprit s'égarait à chercher celui dont Mme de Clèves voulait parler. Il avait cru bien des fois qu'il ne lui était pas désagréable ; et il avait fait ce jugement sur des choses qui lui parurent si légères dans ce moment, qu'il ne put s'imaginer qu'il eût donné une passion qui devait être bien violente pour avoir recours à un remède si extraordinaire. Il était si transporté qu'il ne savait quasi ce qu'il voyait, et il ne pouvait pardonner à M. de Clèves de ne pas assez presser sa femme de lui dire ce nom qu'elle lui cachait.

M. de Clèves faisait néanmoins tous ses efforts pour le savoir ; et après qu'il l'en eut pressée inutilement :

— Il me semble, répondit-elle, que vous devez être content de ma sincérité ; ne m'en demandez pas davantage, et ne me donnez pas lieu de me repentir de ce que je viens de faire : contente-vous de l'assurance que je vous donne encore qu'aucune de mes actions n'a fait paraître mes sentimens, et que l'on ne m'a jamais rien dit dont j'aie pu m'offenser.

— Ah! madame, reprit tout d'un coup M. de Clèves, je ne vous saurais croire. Je me souviens de l'embarras où vous fûtes le jour que votre portrait se perdit. Vous avez donné, madame, vous avez donné ce portrait qui m'était si cher, et qui m'appartenait si légitimement. Vous n'avez pu cacher vos sentimens : vous aimez, on le sait ; votre vertu jusqu'ici vous a garantie du reste.

— Est-il possible, s'écria cette princesse, que vous puissiez penser qu'il y ait quelque déguisement dans un aveu comme le mien, qu'aucune raison ne m'obligeait à vous faire ? Fiez-vous à mes paroles ; c'est par un assez grand prix que j'achète la confiance que je vous demande. Croyez, je vous en conjure, que je n'ai point donné mon portrait : il est vrai que je le vis prendre ; mais je ne voulus pas faire paraître que je le voyais, de peur de m'exposer à me faire dire des choses que l'on ne m'a pas encore osé dire.

— Par où vous a-t-on donc fait voir qu'on vous aimait? reprit M. de Clèves, et quelles marques de passion vous a-t-on données ?

— Épargnez-moi la peine, répliqua-t-elle, de vous dire des détails qui me font honte à moi-même de les avoir remarqués, et qui ne m'ont que trop persuadée de ma faiblesse.

—Vous avez raison, madame, reprit-il, je suis injuste ; refusez-moi toutes les fois que je vous demanderai de pareilles choses : mais ne vous offensez pourtant pas si je vous les demande.

Dans ce moment, plusieurs de leurs gens qui étaient demeurés dans les allées vinrent avertir M. de Clèves qu'un gentilhomme venait le chercher de la part du roi, pour lui ordonner de se trouver le soir à Paris. M. de Clèves fut contraint de s'en aller ; et il ne put rien dire à sa femme, sinon qu'il la suppliait de venir le lendemain, et qu'il la conjurait de croire que, quoiqu'il fût affligé, il avait pour elle une tendresse et une estime dont elle devait être satisfaite.

Lorsque ce prince fut parti, que Mme de Clèves demeura seule, qu'elle regarda ce qu'elle venait de faire, elle en fut si épouvantée qu'à peine put-elle s'imaginer que ce fût une vérité. Elle trouva qu'elle s'était ôté elle-même le cœur et l'estime de son mari, et qu'elle s'était creusé un abîme dont elle ne sortirait jamais. Elle se demandait pourquoi elle avait fait une chose si hasardeuse, et elle trouvait qu'elle s'y était engagée sans en avoir presque eu le dessein. La singularité d'un pareil aveu, dont elle ne trouvait point d'exemple, lui en faisait voir tout le péril.

Mais quand elle venait à penser que ce remède, quelque violent qu'il fût, était le seul qui la pouvait défendre contre M. de Nemours, elle trouvait qu'elle ne devait point trop se repentir, et n'avait point trop hasardé. Elle passa toute la nuit, pleine d'incertitude, de trouble et de crainte ; enfin le calme revint dans son esprit. Elle trouva même de la douceur à avoir donné ce témoignage de fidélité à un mari qui le méritait si bien, qui avait tant d'estime et tant d'amitié pour elle, et qui venait de lui en donner encore des marques par la manière dont il avait reçu ce qu'elle lui avait avoué.

Cependant M. de Nemours était sorti du lieu où il avait entendu une conversation qui le touchait si sensiblement, et s'était enfoncé dans la forêt. Ce qu'avait dit Mme de Clèves de son portrait lui avait redonné la vie, en lui faisant connaître que c'était lui qu'elle ne haïssait pas. Il s'abandonna d'abord à cette joie ; mais elle ne fut pas longue, quand il fit réflexion que la même chose qui lui venait d'apprendre qu'il avait touché le cœur de Mme de Clèves le devait persuader aussi qu'il n'en recevrait jamais nulle marque, et qu'il était impossible d'engager une personne qui avait recours à un remède si extraordinaire. Il sentit pourtant un plaisir sensible de l'avoir réduite à cette extrémité. Il trouvait de la gloire à s'être fait aimer d'une femme si différente de toutes celles de son sexe. Enfin il se trouva cent fois heureux et malheureux tout ensemble. La nuit le surprit dans la forêt, et il eut beaucoup de peine à retrouver le chemin de chez Mme de Mercœur. Il y arriva à la pointe du jour ; il fut assez embarrassé de rendre compte de ce qui l'avait retenu ; il s'en démêla le mieux qu'il lui fut possible, et revint ce jour même à Paris avec le vidame.

Ce prince était si rempli de sa passion et si surpris de ce qu'il avait entendu, qu'il tomba dans une imprudence assez ordinaire, qui est de parler en termes généraux de ses sentimens particuliers, et de conter ses propres aventures sous des noms empruntés. En revenant, il tourna la conversation sur l'amour, il exagéra le plaisir d'être amoureux d'une personne digne d'être aimée. Il parla des effets bizarres de cette passion, et enfin, ne pouvant renfermer en lui-même l'étonnement que lui donnait l'action de Mme de Clèves, il la conta au vidame, sans lui nommer la personne, et sans lui dire qu'il y eût aucune part ; mais il la conta avec tant de chaleur et avec tant d'admiration, que le vidame soupçonna aisément que cette histoire regardait ce prince. Il le pressa extrêmement de le lui avouer ; il lui dit qu'il connaissait depuis long-temps qu'il avait quelque passion violente, et qu'il y avait de l'injustice de se défier d'un homme qui lui avait confié le secret de

sa vie. M. de Nemours était trop amoureux pour avouer
son amour ; il l'avait toujours caché au vidame, quoique ce fût l'homme de la cour qu'il aimât le mieux. Il
lui répondit qu'un de ses amis lui avait conté cette
aventure, et lui avait fait promettre de n'en point parler, et qu'il le conjurait aussi de garder le secret. Le vidame l'assura qu'il n'en parlerait point ; néanmoins
M. de Nemours se repentit de lui en avoir tant appris.

Cependant M. de Clèves était allé trouver le roi, le
cœur pénétré d'une douleur mortelle. Jamais mari n'a-
vait eu une passion si violente pour sa femme, et ne
l'avait tant estimée. Ce qu'il venait d'apprendre ne lui
en ôta pas l'estime, mais il lui en donnait d'une espèce
différente de celle qu'il avait eue jusqu'alors. Ce qui
l'occupait le plus était l'envie de deviner celui qui avait
su lui plaire. M. de Nemours lui vint d'abord dans l'esprit, comme ce qu'il y avait de plus aimable à la cour ;
et le chevalier de Guise, et le maréchal de Saint-André,
comme deux hommes qui avaient pensé à lui plaire, et
qui lui rendaient encore beaucoup de soins ; de sorte
qu'il s'arrêta à croire qu'il fallait que ce fût l'un des
trois. Il arriva au Louvre, et le roi le mena dans son cabinet pour lui dire qu'il l'avait choisi pour conduire
Madame en Espagne ; qu'il avait cru que personne ne
s'acquitterait mieux que lui de cette commission, et
que personne aussi ne ferait tant d'honneur à la France
que Mme de Clèves. M. de Clèves reçut l'honneur de

ce choix comme il le devait, et le regarda même comme
une chose qui éloignerait sa femme de la cour, sans
qu'il parût de changement dans sa conduite : néanmoins
le temps de ce départ était encore trop éloigné pour
être un remède à l'embarras où il se trouvait. Il écrivit,
à l'heure même, à Mme de Clèves pour lui apprendre
ce que le roi venait de lui dire, et il lui demanda encore qu'il voulait absolument qu'elle revînt à Paris. Elle
y revint, comme il l'ordonnait ; et lorsqu'ils se virent,
ils se trouvèrent tous deux dans une tristesse extraordinaire.

M. de Clèves lui parla comme le plus honnête homme
du monde et le plus digne de ce qu'elle avait fait. Je
n'ai nulle inquiétude de votre conduite, lui dit-il ;
vous avez plus de force et plus de vertu que vous ne
pensez ; ce n'est point aussi la crainte de l'avenir qui
m'afflige, je ne suis affligé que de vous voir pour un
autre des sentimens que je n'ai pu vous donner.

Je ne sais que vous répondre, lui dit-elle, je meurs
de honte en vous en parlant ; épargnez-moi, je vous en
conjure, de si cruelles conversations ; réglez ma conduite, faites que je ne voie personne ; c'est tout ce que
je vous demande ; mais trouvez bon que je ne vous
parle plus d'une chose qui me fait paraître si peu digne
de vous, et que je trouve si indigne de moi. Vous avez
raison, madame, répliqua-t-il, j'abuse de votre douceur et de votre confiance ; mais aussi ayez quelque

compassion de l'état où vous m'avez mis, et songez que, quoi que vous m'ayez dit, vous me cachez un nom qui me donne une curiosité avec laquelle je ne saurais vivre. Je ne vous demande pourtant pas de la satisfaire, mais je ne puis m'empêcher de vous dire que je crois que celui que je dois envier est le maréchal de Saint-André, le duc de Nemours ou le chevalier de Guise. Je ne vous répondrai rien, lui dit-elle en rougissant, et je ne vous donnerai aucun lieu, par mes réponses, de diminuer ni de fortifier vos soupçons; mais si vous essayez de les éclaircir en m'observant, vous me donnerez un embarras qui paraîtra aux yeux de tout le monde. Au nom de Dieu, continua-t-elle, trouvez bon que, sur le prétexte de quelque maladie, je ne voie personne.

— Non, madame, répliqua-t-il, on démêlerait bientôt que ce serait une chose supposée, et, de plus, je ne veux me fier qu'à vous-même : c'est le chemin que mon cœur me conseille de prendre, et la raison me le conseille aussi. De l'humeur dont vous êtes, en vous laissant votre liberté, je vous donne des bornes plus étroites que je ne pourrais vous en prescrire.

M. de Clèves ne se trompait pas : la confiance qu'il témoignait à sa femme la fortifiait davantage contre M. de Nemours, et lui faisait prendre des résolutions plus austères qu'aucune contrainte n'aurait pu faire. Elle alla donc au Louvre et chez la reine-dauphine à son ordinaire; mais elle évitait la présence et les yeux de M. de Nemours avec tant de soin, qu'elle lui ôte quasi toute la joie qu'il avait de se croire aimé d'elle. Il ne voyait rien dans ses actions qui ne persuadât le contraire. Il ne savait quasi si ce qu'il avait entendu n'était point un songe, tant il y trouvait peu de vraisemblance. La seule chose qui l'assurait qu'il ne s'était pas trompé était l'extrême tristesse de Mme de Clèves, quelque effort qu'elle fît pour la cacher : peut-être que des regards et des paroles obligeantes n'eussent pas tant augmenté l'amour de M. de Nemours que faisait cette conduite austère.

Un soir que M. et Mme de Clèves étaient chez la reine, quelqu'un dit que le bruit courait que le roi nommerait encore un grand seigneur de la cour pour aller conduire Madame en Espagne. M. de Clèves avait les yeux sur sa femme dans les temps qu'on ajouta que ce serait peut-être le chevalier de Guise ou le maréchal Saint-André. Il remarqua qu'elle n'avait point été émue de ces deux noms, ni de la proposition qu'ils fissent ce voyage avec elle. Cela lui fit croire que pas un des deux n'était celui dont elle craignait la présence ; et, voulant s'éclaircir de ses soupçons, il entra dans le cabinet de la reine où était le roi. Après avoir demeuré quelque temps, il revint auprès de sa femme, et lui dit tout bas qu'il venait d'apprendre que ce serait M. de Nemours qui irait avec eux en Espagne.

Le nom de M. de Nemours et la pensée d'être exposée à le voir tous les jours pendant un long voyage, en présence de son mari, donna un tel trouble à Mme de Clèves, qu'elle ne le put cacher ; et, voulant y donner d'autres raisons :

— C'est un choix bien désagréable pour vous, répondit-elle, que celui de ce prince. Il partagera tous les honneurs, et il me semble que vous devriez essayer de faire choisir quelque autre.

— Ce n'est pas la gloire, madame, reprit M. de Clèves, qui vous fait appréhender que M. de Nemours ne vienne avec moi. Le chagrin que vous en avez vient d'une autre cause. Ce chagrin m'apprend ce que j'aurais appris d'une autre femme, par la joie qu'elle en aurait eue. Mais ne craignez point : ce que je viens de vous dire n'est pas véritable, et je l'ai inventé pour m'assurer d'une chose que je ne croyais déjà que trop.

Il sortit après ces paroles, ne voulant pas augmenter par sa présence l'extrême embarras où il voyait sa femme.

M. de Nemours entra dans cet instant, et remarqua d'abord l'état où était Mme de Clèves. Il s'approcha d'elle et lui dit tout bas qu'il n'osait, par respect, lui demander ce qui la rendait plus rêveuse que de coutume. La voix de M. de Nemours la fit revenir ; et, le regardant sans avoir entendu ce qu'il venait de lui dire, pleine de ses propres pensées et de la crainte que son mari ne le vît auprès d'elle :

— Au nom de Dieu, lui dit-elle, laissez-moi en repos.

— Hélas! madame, répondit-il, je ne vous y laisse que trop; de quoi pouvez-vous vous plaindre? Je n'ose vous parler, je n'ose même vous regarder; je ne vous approche qu'en tremblant. Par où me suis-je attiré ce que vous venez de me dire? Et pourquoi me faites-vous paraître que j'ai quelque part au chagrin que je vous vois?

Mme de Clèves fut bien fâchée d'avoir donné lieu à M. de Nemours de s'expliquer plus clairement qu'il n'avait fait en toute sa vie.

Elle le quitta sans lui répondre, et s'en revint chez elle, l'esprit plus agité qu'elle ne l'avait jamais eu.

Son mari s'aperçut aisément de l'augmentation de son embarras. Il vit qu'elle craignait qu'il ne lui parlât de ce qui s'était passé. Il la suivit dans un cabinet où elle était entrée.

— Ne m'évitez point, madame, lui dit-il, je ne vous dirai rien qui puisse vous déplaire : je vous demande pardon de la surprise que je vous ai faite tantôt; j'en suis assez puni par ce que j'ai appris. M. de Nemours était de tous les hommes celui que je craignais le plus. Je vois le péril où vous êtes : ayez du pouvoir sur vous, pour l'amour de vous même, et, s'il est possible, pour l'amour de moi. Je ne vous le demande point comme un mari, mais comme un homme dont vous

faites tout le bonheur, et qui a pour vous une passion
plus tendre et plus violente que celui que votre cœur
lui préfère.

M. de Clèves s'attendrit en prononçant ces dernières
paroles, et eut peine à les achever. Sa femme en fut
pénétrée, et, fondant en larmes, elle l'embrassa avec
une tendresse et une douleur qui le mirent dans un
état peu différent du sien. Ils demeurèrent quelque
temps sans se rien dire, et se séparèrent sans avoir la
force de se parler.

Les préparatifs pour le mariage de Madame étaient
achevés. Le duc d'Albe arriva pour l'épouser : il fut
reçu avec toute la magnificence et toutes les cérémonies qui se pouvaient faire dans une pareille occasion.

Le roi envoya au devant de lui le prince de Condé,
les cardinaux de Lorraine et de Guise, les ducs de
Lorraine, de Ferrare, d'Aumale, de Bouillon, de Guise
et de Nemours. Ils avaient plusieurs gentilshommes, et
grand nombre de pages vêtus de leurs livrées.

Le roi attendit lui-même le duc d'Albe à la première
porte du Louvre, avec les deux cents gentilshommes servans, et le connétable à leur tête.

Lorsque ce duc fut proche du roi, il voulut lui em-
brasser les genoux ; mais le roi l'en empêcha, et le fit
marcher à son côté jusque chez la reine et chez Madame, à qui le duc d'Albe apporta un présent magnifique de la part de son maître. Il alla ensuite chez

Mme Marguerite, sœur du roi, lui faire les complimens de M. de Savoie, et l'assurer qu'il arriverait dans peu de jours.

L'on fit de grandes assemblées au Louvre pour faire voir au duc d'Albe, et au prince d'Orange qui l'avait accompagné, les beautés de la cour.

Mme de Clèves n'osa se dispenser de s'y trouver, quelque envie qu'elle en eût, par la crainte de déplaire à son mari, qui lui commanda absolument d'y aller. Ce qui l'y déterminait encore davantage était l'absence de M. de Nemours. Il était allé au devant de M. de Savoie; et, après que ce prince fut arrivé, il fut obligé de se tenir presque toujours auprès de lui, pour lui aider à à toutes les choses qui regardaient les cérémonies de ses noces; cela fit que Mme de Clèves ne rencontra pas ce prince aussi souvent qu'elle avait accoutumé, et elle s'en trouvait dans quelque sorte de repos.

Le vidame de Chartres n'avait pas oublié la conversation qu'il avait eue avec M. de Nemours. Il lui était demeuré dans l'esprit que l'aventure que ce prince lui avait contée était la sienne propre; et il l'observait avec tant de soin, que peut-être aurait-il démêlé la vérité, si l'arrivée du duc d'Albe et celle de M. de Savoie n'eussent fait un changement et une occupation dans la cour qui l'empêcha de voir ce qui aurait pu l'éclairer. L'envie de s'éclaircir, ou plutôt la disposition naturelle qu'on a de conter tout ce que l'on sait à ce que l'on aime, fit

qu'il redit à Mme de Martigues l'action extraordinaire
de cette personne qui avait avoué à son mari la passion
qu'elle avait pour un autre. Il l'assura que M. de Nemours était celui qui avait inspiré cette violente passion,
et il la conjura de lui aider à observer ce prince. Mme
de Martigues fut bien aise d'apprendre ce que lui dit le
vidame; et la curiosité qu'elle avait toujours vue à
Mme la dauphine pour ce qui regardait M. de Nemours
lui donnait encore plus d'envie de pénétrer cette aventure.

Peu de jours avant celui que l'on avait choisi pour
la cérémonie du mariage, la reine-dauphine donnait à
souper au roi son beau-père et à la duchesse de Valentinois. Mme de Clèves, qui était occupée à s'habiller,
alla au Louvre plus tard que de coutume. En y allant,
elle trouva un gentilhomme qui la venait quérir de la
part de Mme la dauphine. Comme elle entra dans la
chambre, cette princesse lui cria de dessus son lit, où
elle était, qu'elle l'attendait avec une grande impatience:

— Je crois, madame, lui répondit-elle, que je ne
dois pas vous remercier de cette impatience, et qu'elle
est sans doute causée par quelque autre chose que par
l'envie de me voir.

— Vous avez raison, répliqua la reine-dauphine; mais
néanmoins vous devez m'en être obligée, car je veux

6

vous apprendre une aventure que je suis assurée que vous serez bien aise de savoir.

Mme de Clèves se mit à genoux devant son lit, et, par bonheur pour elle, elle n'avait pas le jour au visage.

— Vous savez, lui dit cette reine, l'envie que nous avions de deviner ce qui causait le changement qui paraît au duc de Nemours ; je crois le savoir, et c'est une chose qui vous surprendra. Il est éperdument amoureux et fort aimé d'une des plus belles personnes de la cour.

Ces paroles, que Mme de Clèves ne pouvait s'attribuer, puisqu'elle ne croyait pas que personne sût qu'elle aimait ce prince, lui causèrent une douleur qu'il est aisé de s'imaginer.

— Je ne vois rien en cela, répondit-elle, qui doive surprendre un homme de l'âge de M. de Nemours, et fait comme il est.

— Ce n'est pas aussi, reprit Mme la dauphine, ce qui vous doit étonner ; mais c'est de savoir que cette femme, qui aime M. de Nemours, ne lui en a jamais donné aucune marque, et que la peur qu'elle a eue de n'être pas toujours maîtresse de sa passion a fait qu'elle l'a avouée à son mari, afin qu'il l'ôtât de la cour. Et c'est M. de Nemours lui-même qui a conté ce que je vous dis.

Si Mme de Clèves avait eu d'abord de la douleur par la pensée qu'elle n'avait aucune part à cette aventure, les dernières paroles de Mme la dauphine lui donnèrent du désespoir par la certitude de n'y en avoir que trop. Elle ne put répondre, et demeura la tête penchée sur le lit pendant que la reine continuait de parler, si occupée de ce qu'elle disait qu'elle ne prenait pas garde à cet embarras.

Lorsque Mme de Clèves fut un peu remise :

— Cette histoire ne me paraît guère vraisemblable, madame, répondit-elle, et je voudrais bien savoir qui vous l'a contée.

— C'est Mme de Martigues, répliqua Mme la dauphine, qui l'a apprise du vidame de Chartres. Vous savez qu'il en est amoureux ; il la lui a confiée comme un secret, et il la sait du duc de Nemours lui-même ; il est vrai que le duc de Nemours ne lui a pas dit le nom de la dame, et ne lui a pas même avoué que ce fût lui qui en fût aimé ; mais le vidame de Chartres n'en doute point.

Comme la reine-dauphine achevait ces paroles, quelqu'un s'approcha du lit. Mme de Clèves était tournée d'une sorte qui l'empêchait de voir qui c'était ; mais elle n'en douta pas lorsque Mme la dauphine se récria avec un air de gaîté et de surprise :

— Le voilà lui-même, et je veux lui demander ce qui en est.

Mme de Clèves connut bien que c'était le duc de Nemours, comme ce l'était en effet. Sans se tourner de

son côté, elle s'avança avec précipitation vers Mme la
dauphine, et lui dit tout bas qu'il fallait bien se garder de
lui parler de cette aventure ; qu'il l'avait confiée au vidame de Chartres, et que se serait une chose capable
de les brouiller. Mme la dauphine lui répondit en riant
qu'elle était trop prudente, et se retourna vers M. de
Nemours. Il était paré pour l'assemblée du soir ; et,
prenant la parole avec cette grâce qui lui était si naturelle :

— Je crois, madame, lui dit-il, que je puis penser,
sans témérité, que vous parliez de moi quand je suis
entré, que vous aviez dessein de me demander quelque
chose, et que Mme de Clèves s'y oppose.

— Il est vrai, répondit Mme la dauphine ; mais je
n'aurai pas pour elle la complaisance que j'ai accoutumé d'avoir. Je veux savoir de vous si une histoire que
'on m'a contée est véritable, et si vous n'êtes pas
celui qui êtes amoureux et aimé d'une femme de la
cour qui cache sa passion avec soin et qui l'a avouée à
son mari.

Le trouble et l'embarras de Mme de Clèves étaient
au delà de tout ce que l'on peut s'imaginer ; et si la
mort se fût présentée pour la tirer de cet état, elle
l'aurait trouvée agréable ; mais M. de Nemours était
encore plus embarrassé, s'il est possible. Le discours de
Mme la dauphine, dont il avait eu lieu de croire qu'il
n'était pas haï, en présence de Mme de Clèves, qui

était la personne de la cour en qui elle avait le plus
de confiance, et qui en avait aussi le plus en elle, lui
donnait une si grande confusion de pensées bizarres,
qu'il lui fut impossible d'être maître de son visage.

L'embarras où il voyait Mme de Clèves, par sa faute,
et la pensée du juste sujet qu'il lui donnait de le haïr,
lui causa un saisissement qui ne lui permit pas de répondre. Mme la dauphine, voyant à quel point il était
interdit : Regardez-le, regardez-le, dit-elle à Mme de
Clèves, et jugez si cette aventure n'est pas la sienne.

Cependant M. Nemours, revenant de son premier
trouble, et voyant l'importance de sortir d'un pas si
dangereux, se rendit maître tout d'un coup de son esprit et de son visage.

— J'avoue, madame, dit-il, que l'on ne peut être
plus surpris et plus affligé que je le suis de l'infidélité
que m'a faite le vidame de Chartres en racontant l'aventure d'un de mes amis, que je lui avais confiée.

— Je pourrai m'en venger continua-t-il en souriant,
avec un air tranquille qui ôta quasi à Mme la dauphine les soupçons qu'elle venait d'avoir. Il m'a confié des choses qui ne sont pas d'une médiocre importance : mais je ne sais, madame, poursuivit-il, pourquoi
vous me faites l'honneur de me mêler à cette aventure.

Le vidame ne peut pas dire qu'elle me regarde,
puisque je lui ai dit le contraire. La qualité d'un homme
amoureux me peut convenir ; mais, pour celle d'un

homme aimé, je ne crois pas, madame, que vous puissiez me la donner.

Ce prince fut bien aise de dire quelque chose à Mme la dauphine qui eût du rapport à ce qu'il lui avait fait paraître en d'autres temps, afin de lui détourner l'esprit des pensées qu'elle avait pu avoir. Elle crut bien aussi entendre ce qu'il disait; mais, sans y répondre, elle continua à lui faire la guerre de son embarras.

— J'ai été troublé, madame, lui répondit-il, pour l'intérêt de mon ami, et par les justes reproches qu'il me pourrait faire d'avoir redit une chose qui lui est plus chère que la vie. Il ne me l'a néanmoins confiée qu'à demi, et il ne m'a pas nommé la personne qu'il aime : je sais seulement qu'il est l'homme du monde le plus amoureux et le plus à plaindre.

— Le trouvez-vous si à plaindre, répliqua Mme la dauphine, puisqu'il est aimé?

— Croyez-vous qu'il le soit, madame, reprit-il, et qu'une personne qui aurait une véritable passion pût la découvrir à son mari? Cette personne ne connaît pas sans doute l'amour, et elle a pris pour lui une légère reconnaissance de l'attachement que l'on a pour elle. Mon ami ne se peut flatter d'aucune espérance : mais, tout malheureux qu'il est, il se trouve heureux d'avoir du moins donné la peur de l'aimer; et il ne changerait pas son état contre celui du plus heureux amant du monde.

— Votre ami a une passion bien aisée à satisfaire, dit Mme la dauphine, et je commence à croire que ce n'est pas de vous dont vous parlez. Il ne s'en faut guère, continua-t-elle, que je ne sois de l'avis de Mme de Clèves, qui soutient que cette aventure ne peut être véritable.

— Je ne crois pas, en effet, qu'elle le puisse être, reprit Mme de Clèves, qui n'avait point encore parlé; et, quand il serait possible qu'elle le fût, par où l'aurait-on pu savoir? il n'y a pas d'apparence qu'une femme capable d'une chose si extraordinaire eût la faiblesse de la raconter; apparemment son mari ne l'aurait pas racontée non plus, ou ce serait un mari bien indigne du procédé que l'on aurait eu avec lui.

M. de Nemours, qui vit les soupçons de Mme de Clèves sur son mari, fut bien aise de les lui confirmer. Il savait que c'était le plus redoutable rival qu'il eût à détruire.

— La jalousie, répondit-il, et la curiosité d'en savoir peut-être davantage qu'on ne lui en a dit, peuvent faire faire bien des imprudences à un mari.

Mme de Clèves était à la dernière épreuve de sa force et de son courage; et, ne pouvant plus soutenir la conversation, elle allait dire qu'elle se trouvait mal, lorsque, par bonheur pour elle, la duchesse de Valentinois entra, qui dit à Mme la dauphine que le roi allait arriver. Cette reine passa dans son cabinet pour s'habiller.

M. de Nemours s'approcha de Mme de Clèves, comme elle la voulait suivre.

— Je donnerais ma vie, madame, lui dit-il, pour vous parler un moment : mais, de tout ce que j'aurais d'important à vous dire, rien ne me le paraît davantage que de vous supplier de croire que, si j'ai dit quelque chose où Mme la dauphine puisse prendre part, je l'ai fait par des raisons qui ne la regardent pas. Mme de Clèves ne fit pas semblant d'entendre M. de Nemours : elle le quitta sans le regarder, et se mit à suivre le roi, qui venait d'entrer. Comme il y avait beaucoup de monde, elle s'embarrassa dans sa robe, et fit un faux pas : elle se servit de ce prétexte pour sortir d'un lieu où elle n'avait pas la force de demeurer, et, faignant de ne se pouvoir soutenir, elle s'en alla chez elle.

M. de Clèves vint au Louvre, et fut étonné de n'y pas trouver sa femme : on lui dit l'accident qui lui était arrivé. Il s'en retourna à l'heure même pour apprendre de ses nouvelles ; il la trouva au lit, et il sut que son mal n'était pas considérable. Quand il eut été quelque temps auprès d'elle, il s'aperçut qu'elle était dans une tristesse si excessive qu'il en fut surpris.

— Qu'avez-vous, madame ? lui dit-il ; il me paraît que vous avez quelque autre douleur que celle dont vous vous plaignez.

— J'ai la plus sensible affliction que je pouvais jamais avoir, répondit-elle : quel usage avez-vous fait de la

confiance extraordinaire, ou pour mieux dire folle, que
j'ai eue en vous? Ne méritais-je pas le secret? et, quand
je ne l'aurais pas mérité, votre propre intérêt ne vous
y engageait-il pas? Fallait-il que la curiosité de savoir
un nom que je ne dois pas vous dire vous obligeât à
vous confier à quelqu'un pour tâcher de le découvrir?
Ce ne peut être que cette seule curiosité qui vous ait
fait faire une si cruelle imprudence; les suites en sont
aussi fâcheuses qu'elles pouvaient l'être. Cette aventure
est sue, et on me la vient de conter, ne sachant pas
que j'y eusse le principal intérêt.

Que me dites-vous, madame? lui répondit-il; vous
m'accusez d'avoir conté ce qui s'est passé entre vous et
moi; et vous m'apprenez que la chose est sue. Je ne
me justifie pas de l'avoir redite; vous ne le sauriez
croire; et il faut sans doute que vous ayez pris pour
vous ce que l'on vous a dit de quelque autre.

— Ah! monsieur, reprit-elle, il n'y a pas dans le
monde une autre aventure pareille à la mienne; il n'y
a point une autre femme capable de la même chose. Le
hasard ne peut l'avoir fait inventer; on ne l'a jamais
imaginé, et cette pensée n'est jamais tombée dans un
autre esprit que le mien. Mme la dauphine vient de me
conter toute cette aventure; elle l'a sue par le vidame
de Chartres, qui la sait de M. de Nemours.

— M. de Nemours! s'écria M. de Clèves avec une ac-

tion qui marquait du transport et du désespoir. Quoi!
M. de Nemours sait que vous l'aimez et que le sais!

— Vous voulez toujours choisir M. de Nemours
plutôt qu'un autre, répliqua-t-elle ; je vous ai dit que
je ne vous répondrais jamais sur vos soupçons. J'ignore
si M. de Nemours sait la part que j'ai dans cette aventure et celle que vous lui avez donnée ; mais il l'a
contée au vidame de Chartres, et lui a dit qu'il la savait d'un de ses amis qui ne lui avait pas nommé la
personne. Il faut que cet ami de M. de Nemours soit
des vôtres et que vous vous soyez fié à lui pour tâcher
de vous éclaircir.

— A-t-on un ami au monde à qui on voulût faire une
telle confidence? reprit M. de Clèves, et voudrait-on
éclaircir ses soupçons au prix d'apprendre à quelqu'un ce que l'on souhaiterait de se cacher à soi-même?
Songez plutôt, madame, à qui vous avez parlé. Il est
plus vraisemblable que ce soit par vous que par moi
que ce secret soit échappé. Vous n'avez pu soutenir
toute seule l'embarras où vous vous êtes trouvée, et
vous avez cherché le soulagement de vous plaindre
avec quelque confidente qui vous a trahie.

— N'achevez point de m'accabler, s'écria-t-elle, et
n'ayez point la dureté de m'accuser d'une faute que
vous avez faite. Pouvez-vous m'en soupçonner? et
puisque j'ai été capable de vous parler, suis-je capable
de parler à quelque autre?

L'aveu que Mme de Clèves avait fait à son mari était une si grande marque de sa sincérité, et elle niait si fortement de s'être confiée à personne, que M. de Clèves ne savait que penser ; d'un autre côté il était assuré de n'avoir rien redit ; c'était une chose que l'on ne pouvait avoir devinée, elle était sue, ainsi il fallait que ce fût par l'un des deux ; mais ce qui lui causait une douleur violente était de savoir que ce secret était entre les mains de quelqu'un, et qu'apparemment il serait bientôt divulgué.

Mme de Clèves pensait à peu près le mêmes choses ; elle trouvait également impossible que son mari eût parlé et qu'il n'eût pas parlé ; ce qu'avait dit M. de Nemours, que la curiosité pouvait faire faire des imprudences à un mari, lui paraissait se rapporter si juste à à l'état de M. de Clèves, qu'elle ne pouvait croire que ce fût une chose que le hasard eût fait dire, et cette vraisemblance la déterminait à croire que M. de Clèves avait abusé de la confiance qu'elle avait en lui. Ils étaient si occupés l'un et l'autre de leurs pensées qu'ils furent long-temps sans parler, et ils ne sortirent de ce silence que pour redire les mêmes choses qu'ils avaient déjà dites plusieurs fois, et demeurèrent le cœur et l'esprit plus éloignés et plus altérés qu'ils ne les avaient encore eus.

Il est aisé de s'imaginer en quel état ils passèrent la nuit. M. de Clèves avait épuisé toute sa constance à

soutenir le malheur de voir une femme qu'il adorait
touchée de passion pour un autre. Il ne lui restait plus
de courage; il croyait même n'en devoir pas trouver
dans une chose où sa gloire et son honneur étaient si
vivement blessés. Il ne savait plus que penser de sa
femme ; il ne voyait plus quelle conduite il lui devait faire
prendre, ni comment il se devait conduire lui-même,
et il ne trouvait de tous côtés que des précipices et des
abîmes. Enfin, après une agitation et une incertitude
très longues, voyant qu'il devait bientôt s'en aller en
Espagne, il prit le parti de ne rien faire qui pût augmenter les soupçons ou la connaissance de son malheureux état. Il alla trouver Mme de Clèves et lui dit
qu'il ne s'agissait pas de démêler entre eux qui avait
manqué au secret, mais qu'il s'agissait de faire voir
que l'histoire que l'on avait contée était une fable où
elle n'avait aucune part ; qu'il dépendait d'elle de le
persuader à M. de Nemours et aux autres ; qu'elle n'a-
vait qu'à agir avec lui avec la sévérité et la froideur
qu'elle devait avoir pour un homme qui lui témoignait
de l'amour ; que par ce procédé elle lui ôterait aisément
l'opinion qu'elle eût de l'inclination pour lui; qu'ainsi
il ne fallait point s'affliger de tout ce qu'il aurait pu
penser, parce que si dans la suite elle ne faisait paraître
aucune faiblesse, toutes ses pensées se détruiraient aisément, et que surtout il fallait qu'elle allât au Louvre
et aux assemblées comme à l'ordinaire.

Après ces paroles, M. de Clèves quitta sa femme sans attendre sa réponse. Elle trouva beaucoup de raison dans tout ce qu'il lui dit, et la colère où elle était contre M. de Nemours lui fit croire qu'elle trouverait aussi beaucoup de facilité à l'exécuter ; mais il lui parut difficile de se trouver à toutes les cérémonies du mariage et d'y paraître avec un visage tranquille et un esprit libre ; néanmoins, comme elle devait porter la robe de Mme la dauphine et que c'était une chose où elle avait été préférée à plusieurs autres princesses, il n'y avait pas moyen d'y renoncer sans faire beaucoup de bruit et sans en faire chercher des raisons.

Elle se résolut donc de faire un effort sur elle-même mais elle prit le reste du jour pour s'y préparer et pour s'abandonner à tous les sentimens dont elle était agitée. Elle s'enferma seule dans son cabinet : de tous ses maux, celui qui se présentait à elle avec le plus de violence était d'avoir sujet de se plaindre de M. de Nemours, et de ne trouver aucun moyen de le justifier. Elle ne pouvait douter qu'il n'eût conté cette aventure au vidame de Chartres, il l'avait avoué, et elle ne pouvait douter aussi, par la manière dont il avait parlé, qu'il ne sût que l'aventure le regardait. Comment excuser une si grande imprudence? et qu'était devenue l'extrême discrétion de ce prince, dont elle avait été si touchée? Il a été discret, disait-elle, tant qu'il a cru être malheureux, mais une pensée d'un bonheur même in-

certain a fini sa discrétion. Il n'a pu s'imaginer qu'il
était aimé, sans vouloir qu'on le sût. Il a dit tout ce qu'il
pouvait dire, je n'ai pas avoué que c'était lui que j'aimais,
il l'a soupçonné et il a laissé voir ses soupçons. S'il eût
eu des certitudes, il en aurait usé de la même sorte. J'ai
eu tort de croire qu'il y eût un homme capable de cacher
ce qui flatte la gloire. C'est pourtant pour cet homme que
j'ai cru si différent du reste des hommes, que je me
trouve comme les autres femmes, étant si éloignée de
leur ressembler. J'ai perdu le cœur et l'estime d'un
mari qui devait faire ma félicité. Je serai bientôt regar-
dée de tout le monde comme une personne qui a une
folle et violente passion. Celui pour qui je l'ai ne l'i-
gnore plus, et c'est pour éviter ces malheurs que j'ai
hasardé tout mon repos et même ma vie ! Ces tristes
réflexions étaient suivies d'un torrent de larmes ; mais,
quelque douleur dont elle se trouvât accablée, elle sentait bien qu'elle aurait eu la force de les supporter si
elle avait été satisfaite de M. de Nemours.

Ce prince n'était pas dans un état plus tranquille.
L'imprudence qu'il avait faite d'avoir parlé au vidame
de Chartres, et les cruelles suites de cette imprudence,
lui donnaient un déplaisir mortel. Il ne pouvait se représenter, sans être accablé, l'embarras, le trouble de
l'affliction où il avait vu Mme de Clèves. Il était incon-
solable de lui avoir dit des choses sur cette aventure qui,
bien que galantes par elles-mêmes, lui paraissaient, dans

ce moment, grossières et peu polies, puisqu'elles avaient fait entendre à Mme de Clèves qu'il n'ignorait pas qu'elle était cette femme qui avait une passion violente, et qu'il était celui pour qui elle l'avait. Tout ce qu'il eût pu souhaiter eût été une conversation avec elle ; mais il trouvait qu'il la devait craindre plutôt que de la désirer. Qu'aurais-je à lui dire? s'écriait-il. Irais-je encore lui montrer ce que je ne lui ai déjà que trop fait connaître? Lui ferai-je voir que je sais qu'elle m'aime, moi qui n'ai jamais seulement osé lui dire que je l'aimais? Commencerai-je à lui parler ouvertement de ma passion afin de lui paraître un homme devenu hardi par des espérances? Puis-je penser seulement à l'approcher, et oserais-je lui donner l'embarras de soutenir ma vue? Par où pourrais-je me justifier? Je n'ai point d'excuse, je suis indigne d'être regardé de Mme de Clèves, et je n'espère pas aussi qu'elle me regarde jamais. Il est vrai que je lui ai donné par ma faute de meilleurs moyens pour se défendre contre moi que tous ceux qu'elle cherchait, et qu'elle eût peut-être cherchés inutilement. Je perds par mon imprudence le bonheur et la gloire d'être aimé de la plus aimable et de la plus estimable personne du monde ; mais si j'avais perdu ce bonheur sans qu'elle en eût souffert et sans lui avoir donné une douleur mortelle, ce me serait une consolation, et je sens plus dans ce moment le mal que je lui ai fait que celui que je me suis fait auprès d'elle.

M. de Nemours fut long-temps à s'affliger et à penser les mêmes choses. L'envie de parler à Mme de Clèves lui venait toujours à l'esprit. Il songea à en trouver les moyens, il pensa à lui écrire ; mais enfin il trouva qu'après la faute qu'il avait faite, et de l'humeur dont il était, le mieux qu'il pût faire était de lui témoigner un profond respect par son affliction et par son silence, de lui faire voir même qu'il n'osait pas se présenter devant elle, et d'attendre ce que le temps, le hasard et l'inclination qu'elle avait pour lui pourraient faire en sa faveur. Il résolut aussi de ne point faire de reproches au vidame de Chartres de l'infidélité qu'il lui avait faite, de peur de fortifier ses soupçons.

Les fiançailles de Madame, qui se faisaient le lendemain, et le mariage, qui se faisait le jour suivant, occupaient tellement toute la cour, que Mme de Clèves et M. de Nemours cachèrent aisément au public leur tristesse et leur trouble. Mme la dauphine ne parla même qu'en passant à Mme de Clèves de la conversation qu'elles avaient eue avec M. de Nemours ; et M. de Clèves affecta de ne plus parler à sa femme de tout ce qui s'était passé ; de sorte qu'elle ne se trouva pas dans un aussi grand embarras qu'elle l'avait imaginé.

Les fiançailles se firent au Louvre, et, après le festin et le bal, toute la maison royale alla coucher à l'Évêché, comme c'était l'habitude. Le matin, le duc d'Albe, qui n'était jamais vêtu que fort simplement, mit un habit

de drap d'or, mêlé de couleur de feu, de jaune et de
noir, tout couvert de pierreries, et il avait une couronne
fermée sur la tête. Le prince d'Orange, habillé aussi magnifiquement, avec ses livrées, et tous les Espagnols
suivis des leurs, vinrent prendre le duc d'Albe à l'hô-
tel de Villeroi, où il était logé, et partirent, marchant
quatre à quatre, pour venir à l'Evêché. Sitôt qu'il fut
arrivé, on alla par ordre à l'église : le roi menait Madame, qui avait aussi une couronne fermée, et sa robe
portée par Mlles de Montpensier et de Longueville. La
reine marchait ensuite, mais sans couronne. Après elle
marchaient la reine-dauphine, Madame sœur du roi,
madame de Lorraine et la reine de Navarre, leurs robes
portées par des princesses.

Les reines et les princesses avaient toutes leurs filles
magnifiquement habillées des mêmes couleurs qu'elles
étaient vêtues ; en sorte que l'on connaissait à qui étaient
les filles par la couleur de leurs habits.

On monta sur l'échafaud qui était préparé dans l'é-
glise, et l'on fit la cérémonie des mariages. On retourna
ensuite dîner à l'Evêché, et sur les cinq heures on en
partit pour aller au palais, où se faisait le festin, et où
le parlement, les cours souveraines et la maison de ville
étaient priés d'assister. Le roi, les reines, les princes et
princesses mangèrent sur la table de marbre dans la
grande salle du palais, le duc d'Albe assis auprès de la
nouvelle reine d'Espagne. Au dessous des degrés de la

7

table de marbre, et à la main droite du roi, était une table pour les ambassadeurs, les archevêques et les chevaliers de l'ordre, et de l'autre côté une table pour messieurs du parlement.

Le duc de Guise, vêtu d'une robe de drap d'or frisé, servait au roi de grand-maître, M. le prince de Condé de panetier, et le duc de Nemours d'échanson. Après que les tables furent levées, le bal commença ; il fut interrompu par des ballets et des machines extraordinaires. On le reprit ensuite ; et enfin, après minuit, le roi et toute la cour s'en retournèrent au Louvre.

Quelque triste que fût Mme de Clèves, elle ne laissa pas de paraître aux yeux de tout le monde, et surtout aux yeux de M. de Nemours, d'une beauté incomparable. Il n'osa lui parler, quoique l'embarras de cette cérémonie lui en donnât plusieurs moyens ; mais il lui fit voir tant de tristesse et une crainte si respectueuse de l'approcher, qu'elle ne le trouva plus si coupable, quoiqu'il ne lui eût rien dit pour se justifier. Il eut la même conduite les jours suivans, et cette conduite fit aussi le même effet sur le cœur de Mme de Clèves.

Enfin le jour du tournoi arriva. Les reines se rendirent dans les galeries et sur les échaufauds qui leur avaient été destinés.

Les quatre tenans parurent au bout de la lice avec une quantité de chevaux et de livrées qui faisaient le plus magnifique spectacle qui eût jamais paru en France.

Le roi n'avait point d'autres couleurs que le blanc et le noir, qu'il portait toujours à cause de Mme de Valentinois, qui était veuve. M. de Ferrare et toute sa suite avaient du jaune et du rouge. M. de Guise parut avec de l'incarnat et du blanc : on ne savait d'abord par quelle raison il avait ces couleurs ; mais on se souvint que c'étaient celles d'une belle personne qu'il avait aimée pendant qu'elle était fille, et qu'il aimait encore, quoiqu'il n'osât plus le lui faire paraître. M. de Nemours avait du jaune et du noir : on en chercha inutilement la raison. Mme de Clèves n'eut pas de peine à la deviner : elle se souvint d'avoir dit devant lui qu'elle aimait le jaune, et qu'elle était fâchée d'être blonde, parce qu'elle n'en pouvait mettre. Ce prince crut pouvoir paraître avec cette couleur sans indiscrétion, puisque Mme de Clèves n'en mettant point on ne pouvait soupçonner que ce fût la sienne.

Jamais on n'a fait voir tant d'adresse que les quatre tenans en firent paraître. Quoique le roi fût le meilleur homme de cheval de son royaume, on ne savait à qui donner l'avantage.

M. de Nemours avait un agrément dans toutes ses actions qui pouvait faire pencher en sa faveur des personnes moins intéressées que Mme de Clèves. Sitôt qu'elle le vit paraître au bout de la lice, elle sentit une émotion extraordinaire, et à toutes les courses de ce prince elle avait de la peine à cacher sa joie lorsqu'il avait heureusement fourni sa carrière.

Sur le soir, comme tout était presque fini et que l'on était près de se retirer, le malheur de l'état fit que le roi voulut encore rompre une lance. Il manda au comte de Montgomery, qui était extrêmement adroit, qu'il se mît sur la lice. Le comte supplia le roi de l'en dispenser, et allégua toutes les excuses dont il put s'aviser ; mais le roi, quasi en colère, lui fit dire qu'il le voulait absolument. La reine manda au roi qu'elle le conjurait de ne plus courir ; qu'il avait si bien fait qu'il devait être content, et qu'elle le suppliait de revenir auprès d'elle. Il répondit que c'était pour l'amour d'elle qu'il allait courir encore, et entra dans la barrière. Elle lui renvoya M. de Savoie pour le prier une seconde fois de revenir, mais tout fut inutile. Il courut ; les lances se brisèrent, et un éclat de celle du comte de Montgomery lui donna dans l'œil et y demeura.

Ce prince tomba du coup. Ses écuyers et M. de Montmorency, qui était un des maréchaux-de-camp, coururent à lui. Ils furent étonnés de le voir si blessé ; mais le roi ne s'étonna point. Il dit que c'était peu de chose, et qu'il pardonnait au comte de Montgomery.

On peut juger quel trouble et quelle affliction apporta un accident si funeste dans une journée destinée à la joie. Sitôt que l'on eut porté le roi dans son lit, et que les chirurgiens eurent visité sa plaie, ils la trouvèrent très considérable. M. le connétable se souvint dans ce moment de la prédiction que l'on avait faite au roi qu'il serait tué dans un combat singulier : et il ne douta point que la prédiction ne fût accomplie.

Le roi d'Espagne, qui était alors à Bruxelles, étant averti de cet accident, envoya son médecin, qui était un homme d'une grande réputation; mais il jugea le roi sans espérance.

Une cour aussi partagée, et aussi remplie d'intérêts opposés, n'était pas dans une médiocre agitation à la veille d'un si grand événement; néanmoins tous les mouvemens étaient cachés, et l'on ne paraissait occupé que de l'unique inquiétude de la santé du roi. Les reines, les princes et les princesses ne sortaient presque point de son antichambre.

Mme de Clèves, sachant qu'elle était obligée d'y être, qu'elle y verrait M. de Nemours qu'elle ne pourrait cacher à son mari l'embarras que lui causait cette vue, connaissant aussi que la seule présence de ce prince le justifiait à ses yeux et détruisait toutes ses résolutions, prit le parti de feindre d'être malade. La cour était trop occupée pour avoir de l'attention à sa conduite, et pour démêler si son mal était faux ou véritable. Son mari seul pouvait en connaître la vérité, mais elle n'était pas fâchée qu'il la connût : ainsi elle demeura chez elle, peu occupée du grand changement qui se préparait; et, remplie de ses propres pensées, elle avait toute la liberté de s'y abandonner.

Tout le monde était chez le roi. M. de Clèves venait à de certaines heures lui en dire des nouvelles. Il conservait avec elle le même procédé qu'il avait toujours eu, hors que, quand ils étaient seuls, il y avait quelque chose d'un peu plus froid et de moins libre. Il ne lui avait point reparlé de tout ce qui s'était passé ; et elle n'avait pas eu la force, et n'avait pas même jugé à propos de reprendre cette conversation.

M. de Nemours, qui s'était attendu à trouver quelques momens à parler à Mme de Clèves, fut bien surpris et bien affligé de n'avoir pas seulement le plaisir de la voir.

Le mal du roi se trouva si considérable, que le septième jour il fut désespéré des médecins. Il reçut la certitude de sa mort avec une fermeté extraordinaire, et d'autant plus admirable qu'il perdait la vie par un accident si malheureux qu'il mourait à la fleur de son âge, heureux, adoré de ses peuples et aimé d'une maîtresse qu'il aimait éperdument. La veille de sa mort, il fit faire le mariage de Madame, sa sœur, avec M. de Savoie, sans cérémonie. L'on peut juger en quel état était la duchesse de Valentinois. La reine ne permit point qu'elle vît le roi, et lui envoya demander les cachets de ce prince et les pierreries de la couronne qu'elle avait en garde.

Cette duchesse s'enquit si le roi était mort ; et comme on lui eut répondu que non : Je n'ai donc point encore de maître, répondit-elle, et personne ne peut m'obliger à rendre ce que sa confiance m'a mis entre les mains.

Sitôt qu'il fut expiré au château des Tournelles, le duc de Ferrare, le duc de Guise et le duc de Nemours conduisirent au Louvre la reine-mère, le roi, et la reine sa femme. M. de Nemours menait la reine-mère. Comme ils commençaient à marcher, elle se recula de quelques pas, et dit à la reine, sa belle-fille, que c'était à elle à passer la première ; mais il fut aisé de voir qu'il y avait plus d'aigueur que de bienséance dans ce compliment.

QUATRIÈME PARTIE.

Le cardinal de Lorraine s'était rendu maître absolu de l'esprit de la reine-mère; le vidame de Chartres n'avait plus aucune part dans ses bonnes grâces, et l'amour qu'il avait pour Mme de Martigues et pour la liberté l'avait même empêché de sentir cette perte autant qu'elle méritait d'être sentie. Ce cardinal, pendant les dix jours de la maladie du roi, avait eu le loisir de former ses desseins, et de faire prendre à la reine des résolutions conformes à ce qu'il avait projeté; de sorte que, sitôt que le roi fut mort, la reine ordonna au connétable de demeurer aux Tournelles auprès du corps du feu roi, pour faire les cérémonies ordinaires. Cette commission l'éloignait de tout, et lui ôtait la liberté d'agir.

Il envoya un courrier au roi de Navarre pour le faire venir en diligence, afin de s'opposer ensemble à la grande élévation où il voyait que MM. de Guise allaient parvenir. On donna le commandement des armées au duc de Guise, et les finances au cardinal de Lorraine. La duchesse de Valentinois fut chassée de la cour ; on fit revenir le cardinal de Tournon, ennemi déclaré du connétable, et le chancelier Olivier, ennemi déclaré de la duchesse de Valentinois : enfin la cour changea entièrement de face. Le duc de Guise prit le même rang que les princes du sang à porter le manteau du roi aux cérémonies des funérailles : lui et ses frères furent entièrement les maîtres, non seulement par le crédit du cardinal sur l'esprit de la reine, mais parce que cette princesse crut qu'elle pourrait les éloigner s'ils lui donnaient de l'ombrage, et qu'elle ne pourrait éloigner le connétable, qui était appuyé des princes du sang.

Lorsque les cérémonies du deuil furent achevées, le connétable vint au Louvre, et fut reçu du roi avec beaucoup de froideur. Il voulut lui parler en particulier ; mais le roi appela MM. de Guise, et lui dit, devant eux, qu'il lui conseillait de se reposer ; que les finances et le commandement des armées étaient donnés, et que, lorsqu'il aurait besoin de ses conseils, il l'appellerait auprès de sa personne. Il fut reçu de la reine-mère encore plus froidement que du roi, et elle lui fit même des reproches de ce qu'il avait dit au feu roi que ses enfans ne lui ressemblaient point.

Le roi de Navarre arriva et ne fut pas mieux reçu.

Le prince de Condé, moins endurant que son frère,

se plaignit hautement : ses plaintes furent inutiles; on
l'éloigna de la cour, sous le prétexte de l'envoyer en
Flandre signer la ratification de la paix. On fit voir au
roi de Navarre une fausse lettre du roi d'Espagne, qui
l'accusait de faire des entreprises sur ses places, on lui
fit craindre pour ses terres : enfin on lui inspira le dessein de s'en aller en Béarn. La reine lui en fournit un
moyen en lui donnant la conduite de Mme Elisabeth, et
l'obligea même à partir devant cette princesse; et ainsi
il ne demeura personne à la cour qui pût balancer le
pouvoir de la maison de Guise.

Quoique ce fût une chose fâcheuse pour M. de Clèves de ne pas conduire Mme Elisabeth, néanmoins il
ne put s'en plaindre, par la grandeur de celui qu'on lui
préférait; mais il regrettait moins cet emploi, par
l'honneur qu'il en eût reçu que parce que c'était une
chose qui éloignait sa femme de la cour, sans qu'il parût qu'il eût dessein de l'en éloigner.

Peu de jours après la mort du roi on résolut d'aller
à Reims pour le sacre.

Sitôt qu'on parla de ce voyage, Mme de Clèves, qui
avait toujours demeuré chez elle, feignant d'être malade,
pria son mari de trouver bon qu'elle ne suivît point la
cour, et qu'elle s'en allât à Coulommiers prendre l'air
et songer à sa santé. Il lui répondit qu'il ne voulait
point pénétrer si c'était la raison de sa santé qui l'o-
bligeait à ne pas faire le voyage, mais qu'il consentait

qu'elle ne le fît point. Il n'eut pas de peine à consentir à une chose qu'il avait déjà résolue : quelque bonne opinion qu'il eût de la vertu de sa femme, il voyait bien que la prudence ne voulait pas qu'il l'exposât plus long-temps à la vue d'un homme qu'elle aimait.

M. de Nemours sut bientôt que Mme de Clèves ne devait pas suivre la cour : il ne put se résoudre à partir sans la voir, et, la veille du départ, il alla chez elle aussi tard que la bienséance le pouvait permettre, afin de la trouver seule.

La fortune favorisa son intention.

Comme il entra dans la cour, il trouva Mme de Nevers et Mme de Martigues qui en sortaient, et qui lui dirent qu'elles l'avaient laissée seule. Il monta avec une agitation et un trouble qui ne se peuvent comparer qu'à celui qu'eut Mme de Clèves quand on lui dit que M. de Nemours venait pour la voir. La crainte qu'elle eut qu'il ne lui parlât de sa passion, l'appréhension de lui répondre trop favorablement, l'inquiétude que cette visite pouvait donner à son mari, la peine de lui en rendre compte ou de la lui cacher, toutes ces choses se présentèrent en un moment à son esprit, et lui firent un si grand embarras qu'elle prit la résolution d'éviter la chose du monde qu'elle souhaitait peut-être le plus. Elle envoya une de ses femmes à M. de Nemours, qui était dans son antichambre, pour lui dire qu'elle venait de se trouver mal, et qu'elle était bien fâchée de ne pouvoir recevoir l'honneur qu'il lui voulait faire.

Quelle douleur pour ce prince de ne pas voir Mme de Clèves, et de ne la pas voir parce qu'elle ne voulait pas qu'il la vît! Il s'en allait le lendemain ; il n'avait plus rien à espérer du hasard : il ne lui avait rien dit depuis cette conversation de chez Mme la dauphine, et il avait lieu de croire que la faute d'avoir parlé au vidame avait détruit toutes ses espérances : enfin il s'en allait avec tout ce qui peut aigrir une vive douleur.

Sitôt que Mme de Clèves fut un peu remise du trouble que lui avait donné la pensée de la visite de ce prince, toutes les raisons qui la lui avaient fait refuser disparurent : elle trouva même qu'elle avait fait une faute, et, si elle eût osé, ou qu'il eût encore été assez à temps, elle l'aurait fait rappeler.

Mmes de Nevers et de Martigues, en sortant de chez elle, allèrent chez la reine-dauphine. M. de Clèves y était. Cette princesse leur demanda d'où elles venaient ; elles lui dirent qu'elles venaient de chez M. de Clèves, où elles avaient passé une partie de l'après-dîner avec beaucoup de monde, et qu'elles n'y avaient laissé que M. de Nemours. Ces paroles, qu'elles croyaient indifférentes, ne l'étaient pas pour M. de Clèves. Quoiqu'il dût bien s'imaginer que M. de Nemours pouvait trouver souvent des occasions de parler à sa femme, néanmoins la pensée qu'il était chez elle, qu'il y était seul, et qu'il lui pouvait parler de son amour, lui parut dans ce moment une chose si nouvelle et si insupportable, que la jalousie s'alluma dans son cœur avec plus de violence qu'elle n'avait encore fait. Il lui fut impossible de demeurer chez la reine, il s'en revint, ne sachant pas même pourquoi il revenait, et s'il avait dessein d'aller interrompre M. de Nemours. Sitôt qu'il approcha de chez lui, il regarda s'il ne verrait rien qui lui pût faire juger si ce prince y était encore : il sentit du soulagement en voyant qu'il n'y était plus, il trouva de la douceur à penser qu'il ne pouvait y avoir demeuré long-temps. Il s'imagina que ce n'était peut-être pas M. de Nemours dont il devait être jaloux, et, quoiqu'il n'en doutât point, il cherchait à en douter ; mais tant de choses l'en auraient persuadé, qu'il ne demeurait pas long-temps dans cette incertitude qu'il désirait. Il alla d'abord dans la chambre de sa femme ; et, après lui avoir parlé quelque temps de choses indifférentes, il ne put s'empêcher de lui demander ce qu'elle avait fait, et qui elle avait vu ; elle lui en rendit compte. Comme il vit qu'elle ne lui nommait point M. de Nemours, qu'il lui demanda en tremblant si c'était tout ce qu'elle avait vu, afin de lui donner lieu de nommer ce prince, et de n'avoir pas la douleur qu'elle lui en fît une finesse. Comme elle ne l'avait point vu, elle ne le lui nomma point ; et M. de Clèves, prenant la parole avec un ton qui marquait son affliction :

— Et M. de Nemours, lui dit-il, ne l'avez-vous point vu? ou l'avez-vous oublié?

— Je ne l'ai point vu en effet, répondit-elle; je me trouvais mal, et j'ai envoyé une de mes femmes lui faire des excuses.

Vous ne vous trouviez donc mal que pour lui, reprit M. de Clèves, puisque vous avez vu tout le monde; pourquoi des distinctions pour M. de Nemours? Pourquoi ne vous est-il pas comme un autre? Pourquoi faut-il que vous craigniez sa vue? Pourquoi lui laissez-vous voir que vous la craignez? Pourquoi lui faites-vous connaître que vous vous servez du pouvoir que sa passion vous donne sur lui? Oseriez-vous refuser de le voir si vous ne saviez bien qu'il distingue vos rigueurs de l'incivilité? Mais pourquoi faut-il que vous ayez des rigueurs pour lui? D'une personne comme vous, madame, tout est des faveurs, hors l'indifférence.

— Je ne croyais pas, reprit Mme de Clèves, quelque soupçon que vous ayez sur M. de Nemours, que vous pussiez me faire des reproches de ne l'avoir pas vu.

— Je vous en fais pourtant, madame, répliqua-t-il, et ils sont bien fondés: pourquoi ne le pas voir, s'il ne vous a rien dit? Mais madame, il vous a parlé: si son silence seul vous avait témoigné sa passion, elle n'aurait pas fait en vous une si grande impression, vous n'avez pu me dire la vérité tout entière, et vous m'en avez caché la plus grande partie: vous vous êtes repentie même du peu que vous m'avez avoué, et vous n'avez pas eu la force de continuer. Je suis plus malheureux que je ne l'ai cru, et je suis le plus malheureux de tous les hommes. Vous êtes ma femme, je vous aime comme ma maîtresse, et je vous en vois aimer un autre; cet autre est le plus aimable de la cour, et il vous voit tous les jours, il sait que vous l'aimez. Et j'ai pu croire, s'écria-t-il, que vous surmonteriez la passion que vous avez pour lui! Il faut que j'aie perdu la raison pour avoir cru qu'il fût possible.

—Je ne sais, reprit tristement Mme de Clèves, si vous avez eu tort de juger favorablement d'un procédé aussi extraordinaire que le mien; mais je ne sais si je ne me suis pas trompée d'avoir cru que vous me feriez justice. — N'en doutez pas, madame, répliqua M. de Clèves, vous vous êtes trompée, vous avez attendu de moi des choses aussi impossibles que celles que j'attendais de vous. Comment pouviez-vous espérer que je conservasse de la raison? Vous aviez donc oublié que je vous aimais éperdument et que j'étais votre mari? L'un des deux peut porter aux extrémités; que ne peuvent point les deux ensemble? Eh! que ne font-ils point aussi! continua-t-il. Je n'ai que des sentimens violens et incertains dont je ne suis pas le maître. Je ne me trouve plus digne de vous; vous ne me paraissez plus digne de moi. Je vous adore, je vous hais; je vous offense, je vous demande pardon; je vous admire, j'ai honte de vous admirer. Enfin il n'y a plus en moi ni de calme ni de raison. Je ne sais comment j'ai pu vivre depuis que vous me parlâtes à Coulommiers, et depuis le jour que vous apprîtes de Mme la dauphine que l'on savait votre aventure. Je ne saurais démêler par où elle a été sue, ni ce qui se passa entre M. de Nemours et vous sur ce sujet : vous ne me l'expliquerez jamais, et je ne vous demande point de l'expliquer, je vous demande seulement de vous souvenir que vous m'avez rendu le plus malheureux homme du monde.

M. de Clèves sortit de chez sa femme après ces paroles, et partit le lendemain sans la voir ; mais il lui écrivit une lettre pleine d'affliction, d'honnêteté et de douceur : elle lui fit une réponse si touchante et si remplie d'assurance de sa conduite passée et de celle qu'elle aurait à l'avenir, que, comme ses assurances étaient fondées sur la vérité, et que c'étaient en effet ses sentimens, cette lettre fit de l'impression sur M. de Clèves et lui donna quelque calme ; joint que M. de Nemours allant trouver le roi, aussi bien que lui, il avait le repos de savoir qu'il ne serait pas au même lieu que Mme de Clèves. Toutes les fois que cette princesse parlait à son mari, la passion qu'il lui témoignait, l'honnêteté de son procédé, l'amitié qu'elle avait pour lui et ce qu'elle lui devait faisaient des impressions sur son cœur qui affaiblissaient l'idée de M. de Nemours ; mais ce n'était que pour quelque temps, et cette idée revenait bientôt plus vite et plus pressante qu'auparavant.

Les premiers jours du départ de ce prince elle ne sentait quasi pas son absence; ensuite elle lui parut cruelle : depuis qu'elle l'aimait, il ne s'était point passé de jour qu'elle n'eût craint ou espéré de le rencontrer, et elle trouva une grande peine à penser qu'il n'était plus au pouvoir du hasard de faire qu'elle le rencontrât.

Elle s'en alla à Coulommiers, et, en y allant, elle eut soin d'y faire porter de grands tableaux qu'elle avait fait copier sur des originaux qu'avait fait faire Mme de Valentinois pour sa belle maison d'Anet. Toutes les actions remarquables qui s'étaient passées du règne du roi étaient dans ces tableaux. Il y avait entre autres le siége de Metz, et tous ceux qui s'y étaient distingués étaient peints fort ressemblans. M. de Nemours était de ce nombre, et c'était peut-être ce qui avait donné envie à Mme de Clèves d'avoir ces tableaux.

Mme de Martigues, qui n'avait pu partir avec la cour, lui promit d'aller passer quelques jours à Coulommiers. La faveur de la reine, qu'elles partageaient, ne leur avaient point donné d'envie ni d'éloignement l'une de l'autre : elles étaient amies, sans néanmoins se confier leurs sentimens. Mme de Clèves savait que Mme de Martigues aimait le vidame. Mais Mme de Martigues ne savait pas que Mme de Clèves aimât M. de Nemours,

ni, qu'elle en fût aimée. La qualité de nièce du vidame
rendait Mme de Clèves plus chère à Mme de Martigues, et Mme de Clèves l'aimait aussi comme une personne qui avait une passion aussi bien qu'elle, et qui
l'avait pour l'ami intime de son amant.

Mme de Martigues vint à Coulommiers, comme elle
l'avait promis à Mme de Clèves ; elle la trouva dans une
vie fort solitaire. Cette princesse avait même cherché
le moyen d'être dans une solitude entière, et de passer
les soirs dans les jardins, sans être accompagnée de ses
domestiques : elle venait dans ce pavillon où M. de
Nemours l'avait écoutée ; elle entrait dans le cabinet qui
était ouvert sur le jardin. Ses femmes et ses domestiques demeuraient dans l'autre cabinet ou sous le pavillon, et ne venaient point à elle qu'elle ne les appe-
lât. Mme de Martigues n'avait jamais vu Coulommiers ;
elle fut surprise de toutes les beautés qu'elle y trouva,
et surtout de l'agrément de ce pavillon : Mme de Clèves
et elle y passaient tous les soirs. La liberté de se trouver seules la nuit dans le plus beau lieu du monde
ne laissait pas finir la conversation entre deux jeunes
personnes qui avaient des passions violentes dans le
cœur ; et, quoiqu'elles ne s'en fissent point confidence,
elles trouvaient un grand plaisir à se parler. Mme de
Martigues aurait eu de la peine à quitter Coulommiers,
si, en le quittant, elle n'eût dû aller dans un lieu où

était le vidame. Elle partit pour aller à Chambord, où la cour était alors.

Le sacre avait été fait à Reims par le cardinal de Lorraine, et l'on devait passer le reste de l'été dans le château de Chambord, qui était nouvellement bâti. La reine témoigna une grande joie de revoir Mme de Martigues, et, après lui en avoir donné plusieurs marques, elle lui demanda des nouvelles de Mme de Clèves et de ce qu'elle faisait à la campagne. M. de Nemours et M. de Clèves étaient alors chez cette reine. Mme de Martigues, qui avait trouvé Coulommiers admirable, en conta toutes les beautés, et elle s'étendit extrêmement sur la description de ce pavillon de la forêt, et sur le plaisir qu'avait Mme de Clèves de s'y promener seule une partie de la nuit. M. de Nemours, qui connaissait assez le lieu pour entendre ce qu'en disait Mme de Martigues, pensa qu'il n'était pas impossible qu'il y pût voir Mme de Clèves sans être vu que d'elle. Il fit quelques questions à Mme de Martigues pour s'en éclaircir encore; et M. de Clèves, qui l'avait toujours regardé pendant que Mme de Martigues avait parlé, crut voir dans ce moment ce qui lui passait dans l'esprit. Les questions que fit ce prince le confirmèrent encore dans cette pensée, en sorte qu'il ne douta point qu'il n'eût dessein d'aller voir sa femme. Il ne se trompait pas dans ses soupçons. Ce dessein entra si fortement dans l'esprit de M. de Nemours, qu'après avoir passé la nuit à songer aux moyens de l'exécuter, dès le lendemain matin il demanda congé au roi pour aller à Paris, sur quelque prétexte qu'il inventa.

M. de Clèves ne douta point du sujet de ce voyage, mais il résolut de s'éclaircir de la conduite de sa femme, et de ne pas demeurer dans une cruelle incertitude. Il eut envie de partir en même teps que M. de Ne mours, et de venir lui-même, caché, découvrir quel succès aurait ce voyage ; mais, craignant que son départ ne parût extraordinaire, et que M. de Nemours, en étant averti, ne prît d'autres mesures, il résolut de se fier à un gentilhomme qui était à lui, dont il connaissait la fidélité et l'esprit. Il lui conta dans quel embarras il se trouvait. Il lui dit quelle avait été jusqu'alors la vertu de Mme de Clèves, et lui ordonna de partir sur les pas de M. de Nemours, de l'observer exactement, de voir s'il n'irait pas à Coulommier, et s'il n'entrerait point la nuit dans le jardin.

Le gentilhomme, qui était très capable d'une telle commission, s'en acquitta avec toute l'exactitude imaginable.

Il suivit M. de Nemours jusqu'à un village à une demi-lieue de Coulommiers, où ce prince s'arrêta, et le gentilhomme devina aisément que c'était pour y attendre la nuit.

Il ne crut pas à propos de l'y attendre aussi ; il passa le village, et alla dans la forêt à l'endroit par où il jugeait

que M. de Nemours pouvait passer ; il ne se trompa
point dans tout ce qu'il avait pensé.

Sitôt que la nuit fut venue, il entendit marcher, et,
quoiqu'il fît obscur, il reconnut aisément M. de Nemours. Il le vit faire le tour du jardin, comme pour
écouter s'il n'entendrait personne, et pour choisir le
lieu par où il pourrait passer le plus aisément. Les palissades étaient fort hautes, et il y en avait encore derrière pour empêcher qu'on ne pût entrer ; en sorte
qu'il était assez difficile de se faire passage. M. de Nemours en vint à bout néanmoins.

Sitôt qu'il fut dans le jardin, il n'eut pas de peine à
démêler où était Mme de Clèves ; il vit beaucoup de
lumières dans le cabinet : toutes les fenêtres en étaient
ouvertes, et, en se glissant le long des palissades, il s'en
approcha avec un trouble et une émotion qu'il est aisé
de se représenter.

Il se rangea derrière une des fenêtres qui servaient
de porte, pour voir ce que faisait Mme de Clèves. Il vit
qu'elle était seule ; mais il la vit d'une si admirable
beauté, qu'à peine fut-il maître du transport que lui
donna cette vue.

Il faisait chaud et elle n'avait rien sur la tête et sur
sa gorge que ses cheveux confusément rattachés. Elle
était sur un lit de repos, avec une table devant elle, où
il y avait plusieurs corbeilles pleines de rubans : elle en
choisit quelques-uns, et M. de Nemours remarqua que

c'était des mêmes couleurs qu'il avait portées au tournoi. Il vit qu'elle en faisait des nœuds à une canne des
Indes, fort extraordinaire, qu'il avait portée quelque
temps, et qu'il avait donnée à sa sœur, à qui Mme de
Clèves l'avait prise, sans faire semblant de la reconnaître
pour avoir été à M. de Nemours.

Après qu'elle eut achevé son ouvrage avec une grâce
et une douceur qui répandaient sur son visage les sentimens qu'elle avait dans le cœur, elle prit un flambeau
et s'en alla proche d'une grande table, vis-à-vis du ta-
bleau du siége de Metz, où était le portrait de M. de
Nemours : elle s'assit, et se mit à regarder ce portrait
avec une attention et une rêverie que la passion seule
peut donner.

On ne peut exprimer ce que sentit M. de Nemours
dans ce moment. Voir, au milieu de la nuit, dans le plus
beau lieu du monde, une personne qu'il adorait, la
voir sans qu'elle sût qu'il la voyait, et la voir tout occupée de choses qui avaient du rapport à lui et à la passion qu'elle lui cachait, c'est ce qui n'a jamais été
goûté ni imaginé par nul autre amant.

Ce prince était aussi tellement hors de lui-même,
qu'il demeurait immobile à regarder Mme de Clèves,
sans songer que les momens lui étaient précieux.

Quand il fut un peu remis, il pensa qu'il devait attendre à lui parler qu'elle allât dans le jardin ; il crut
qu'il le pourrait faire avec plus de sûreté, parce qu'elle

serait plus éloignée de ses femmes ; mais, voyant qu'elle demeurait dans le cabinet, il prit la résolution d'y entrer.

Quand il voulut l'exécuter, quel trouble n'eut-il point ! quelle crainte de lui déplaire ! quelle peur de faire changer ce visage où il y avait tant de douceur, et de le voir devenir plein de sévérité et de colère !

Il trouva qu'il y avait eu de la folie, non pas à venir voir Mme de Clèves sans être vu, mais à penser de s'en faire voir ; il vit tout ce qu'il n'avait point encore envisagé. Il lui parut de l'extravagance dans sa hardiesse de venir surprendre au milieu de la nuit une personne à qui il n'avait encore jamais parlé de son amour. Il pensa qu'il ne devait pas prétendre qu'elle le voulût écouter, et qu'elle aurait une juste colère du péril où il l'exposait par les accidens qui pouvaient arriver. Tout son courage l'abandonna, et il fut prêt, plusieurs fois, à prendre la résolution de s'en retourner sans se faire voir.

Poussé néanmoins par le désir de lui parler, et rassuré par les espérances que lui donnait tout ce qu'il avait vu, il avança quelques pas, mais avec tant de trouble, qu'une écharpe qu'il avait s'embarrassa dans la fenêtre, en sorte qu'il fit du bruit. Mme de Clèves tourna la tête, et, soit qu'elle eût l'esprit rempli de ce prince, ou qu'il fût dans un lieu où la lumière donnait assez pour qu'elle le pût distinguer, elle crut le reconnaître; et, sans balancer, ni se retourner du côté où il était, elle entra dans le lieu où étaient ses femmes. Elle y entra avec tant de trouble, qu'elle fut contrainte pour le cacher de dire qu'elle se trouvait mal; et elle le dit aussi pour occuper tous ses gens, et pour donner le temps à M. de Nemours de se retirer.

Quand elle eut fait quelque réflexion, elle pensa qu'elle s'était trompée, et que c'était un effet de son imagination d'avoir cru voir M. de Nemours. Elle savait qu'il était à Chambord; elle ne trouvait nulle apparence qu'il eût entrepris une chose si hasardeuse; elle eut envie plusieurs fois de rentrer dans le cabinet, et d'aller voir dans le jardin s'il y avait quelqu'un. Peut-être souhaitait-elle, autant qu'elle le craignait, d'y trouver M. de Nemours; mais enfin la raison et la prudence l'emportèrent sur tous ses autres sentimens, et elle trouva qu'il valait mieux demeurer dans le doute où elle était que de prendre le hasard de s'en éclaircir. Elle fut long-temps à se résoudre à sortir d'un lieu dont elle pensait que ce prince était peut-être si proche, et il était quasi jour quand elle revint au château.

M. de Nemours était demeuré dans le jardin; tant qu'il avait vu de la lumière il n'avait pu perdre l'espérance de revoir Mme de Clèves, quoiqu'il fût persuadé qu'elle l'avait reconnu, et qu'elle n'était sortie que pour l'éviter ; mais, voyant qu'on fermait les portes, il jugea bien qu'il n'avait plus rien à espérer.

Il vint reprendre son cheval tout proche du lieu où attendait le gentilhomme de M. de Clèves. Ce gentilhomme le suivit jusqu'au même village d'où il était parti le soir.

M. de Nemours se résolut d'y passer tout le jour afin de retourner la nuit à Coulommiers, pour voir si Mme de Clèves aurait encore la cruauté de le fuir, ou celle de ne se pas exposer à être vue : quoiqu'il eût une joie sensible de l'avoir trouvée si remplie de son idée, il était néanmoins très affligé de lui avoir vu un mouvement si naturel de le fuir.

La passion n'a jamais été si tendre et si violente qu'elle l'était alors en ce prince.

Il s'en alla sous des saules, le long d'un petit ruisseau qui coulait derrière la maison où il était caché. Il s'éloigna le plus qu'il lui fut possible, pour n'être vu ni entendu de personne ; il s'abandonna aux transports de son amour, et son cœur en fut tellement pressé qu'il fut contraint de laisser couler quelques larmes : mais ces larmes n'étaient pas de celles que la douleur seule fait répandre, elles étaient mêlées de douceur et de ce charme qui ne se trouve que dans l'amour.

Il se mit à repasser toutes les actions de Mme de Clèves depuis qu'il en était amoureux : quelle rigueur honnête et modeste elle avait toujours eue pour lui, quoi-

qu'elle l'aimât! Car enfin elle m'aime, disait-il, elle
m'aime, je n'en saurais douter; les plus grands engagemens et les plus grandes faveurs ne sont pas des marques si assurées que celles que j'en ai eues; cependant
je suis traité avec la même rigueur que si j'étais haï.
J'ai espéré au temps; je n'en dois plus rien attendre.
Je la vois toujours se défendre également contre moi et
contre elle-même. Si je n'étais point aimé, je songerais
à plaire; mais je plais, on m'aime, et on me le cache.
Que puis-je donc espérer? et quel changement dois-je
attendre dans ma destinée! Quoi! je serai aimé de la
plus aimable personne du monde, et je n'aurai cet ex-
cès d'amour que donnent les premières certitudes d'ê-
aimé que pour mieux sentir la douleur d'être maltraité!
Laissez-moi voir que vous m'aimez, belle princesse,
s'écria-t-il; laissez-moi voir vos sentimens! Pourvu
que je les connaisse par vous une fois en ma vie, je consens que vous repreniez pour toujours ces rigueurs dont
vous m'accablez. Regardez-moi du moins avec ces mêmes
yeux dont je vous ai vue cette nuit regarder mon portrait : pouvez-vous l'avoir regardé avec tant de douceur, et m'avoir fui moi-même si cruellement? Que
craignez-vous? Pourquoi mon amour vous est-il si redoutable? Vous m'aimez, vous me le cachez inutilement; vous m'en avez donné des marques involontaires. Je sais mon bonheur, laissez-m'en jouir, et cessez
de me rendre malheureux. Est-il possible, reprenait-il,

que je sois aimé de Mme de Clèves et que je sois malheureux ? Qu'elle était belle cette nuit ! comment ai-je
pu résister à l'envie de me jeter à ses pieds? Si je l'a-
vais fait, je l'aurais peut-être empêchée de me fuir ;
mon respect l'aurait rassurée. Mais peut-être elle ne
m'a pas reconnu ; je m'afflige plus que je ne dois, et la
vue d'un homme à une heure si extraordinaire l'a ef-
frayée.

Ces mêmes pensées occupèrent tout le jour M. de
Nemours ; il attendit la nuit avec impatience, et quand
elle fut venue il reprit le chemin de Coulommiers. Le
gentilhomme de M. de Clèves, qui s'était déguisé
afin d'être moins remarqué, le suivit jusqu'au lieu où
il l'avait suivi le soir auparavant, et le vit entrer dans le
même jardin. Ce prince connut bientôt que Mme de
Clèves n'avait pas voulu hasarder qu'il essayât encore
de la voir. Toutes les portes étaient fermées, il tourna
de tous les côtés pour découvrir s'il ne verrait point de
lumière, mais ce fut inutilement.

Mme de Clèves, s'étant doutée que M. de Nemours
pourrait revenir, était demeurée dans sa chambre ; elle
avait appréhendé de n'avoir pas toujours la force le de
fuir, et elle n'avait pas voulu se mettre au hasard de
lui parler d'une manière peu conforme à la conduite
qu'elle avait eue jusqu'alors.

Quoique M. de Nemours n'eût aucune espérance de
la voir, il ne put se résoudre à sortir si tôt d'un lieu où

elle était si souvent. Il passa la nuit entière dans le jardin, et trouva quelque consolation à voir du moins les mêmes objets qu'elle voyait tous les jours. Le soleil était levé avant qu'il pensât à se retirer ; mais enfin la crainte d'être découvert l'obligea à s'en aller.

Il lui fut impossible de s'éloigner sans voir Mme de Clèves, et il alla chez Mme de Mercœur, qui était alors dans cette maison qu'elle avait proche de Coulommiers. Elle fut extrêmement surprise de l'arrivée de son frère. Il inventa une cause de son voyage assez vraisemblable pour la tromper, et enfin il conduisit si habilement son dessein, qu'il l'obligea à lui proposer d'elle-même d'aller chez Mme de Clèves.

Cette proposition fut exécutée dès le même jour, et M. de Nemours dit à sa sœur qu'il la quitterait à Coulommiers pour s'en retourner en diligence trouver le roi. Il fit ce dessein de la quitter à Coulommiers dans la pensée de l'en laisser partir la première, et il crut avoir trouvé un moyen infaillible de parler à Mme de Clèves.

Comme ils arrivèrent, elle se promenait dans une grande allée qui borde le parterre. La vue de M. de Nemours ne lui causa pas un médiocre trouble, et ne lui laissa plus douter que ce ne fût lui qu'elle avait vu la nuit précédente : cette certitude lui donna quelque mouvement de colère, par la hardiesse et l'imprudence qu'elle trouvait dans ce qu'il avait entrepris. Ce prince remarqua une impression de froideur sur son visage qui lui donna une sensible douleur.

La conversation fut de choses indifférentes, et néanmoins il trouva l'art d'y faire paraître tant d'esprit, tant de complaisance et tant d'admiration pour Mme de Clèves, qu'il dissipa malgré elle une partie de la froideur qu'elle avait eue d'abord.

Lorsqu'il se sentit rassuré de sa première crainte, il témoigna une extrême curiosité d'aller voir le pavillon de la forêt : il en parla comme du plus agréable lieu du monde, et en fit même une description si particulière que Mme de Mercœur lui dit qu'il fallait qu'il y eût été plusieurs fois pour en connaître si bien toutes les beautés.

— Je ne crois pourtant pas, reprit Mme de Clèves, que M. de Nemours y ait jamais entré; c'est un lieu qui n'est achevé que depuis peu.

— Il n'y a pas long-temps aussi que j'y ai été, reprit M. de Nemours en la regardant, et je ne sais si je ne dois point être bien aise que vous ayez oublié de m'y avoir vu.

Mme de Mercœur, qui regardait la beauté des jardins, n'avait point d'attention à ce que disait son frère. Mme de Clèves rougit, et, baissant les yeux sans regarder M. de Nemours :

— Je ne me souviens point, lui dit-elle, de vous y avoir vu, et si vous y avez été, c'est sans que je l'aie su.

— Il est vrai, madame, repliqua M. de Nemours,
que j'y ai été sans vos ordres , et j'y ai passé les plus
doux et les plus cruels momens de ma vie.

Mme de Clèves entendait trop bien tout ce que disait
ce prince, mais elle n'y répondit point : elle songea à
empêcher Mme de Mercœur d'aller dans ce cabinet,
parce que le portrait de M. de Nemours y était, et
qu'elle ne voulait pas qu'elle l'y vît. Elle fit si bien
que le temps se passa insensiblement, et Mme de Mercœur parla de s'en retourner ; mais quand Mme de
Clèves vit que M. de Nemours et sa sœur ne s'en allaient
pas ensemble, elle jugea bien à quoi elle allait être exposée : elle se trouva dans le même embarras où elle
s'était trouvée à Paris, et elle prit aussi le même parti.
La crainte que cette visite ne fût encore une confir-
mation des soupçons qu'avait son mari ne contribua pas
peu à la déterminer ; et, pour éviter que M. de Nemours ne demeurât seul avec elle, elle dit à Mme de
Mercœur qu'elle l'allait conduire jusqu'au bord de la
forêt, et elle ordonna que son carrosse la suivît. La douleur qu'eut ce prince de trouver toujours cette même
continuation de rigueurs en Mme de Clèves fut si violente qu'il en pâlit dans le même moment. Mme de
Mercœur lui demanda s'il se trouvait mal ; mais il regarda Mme de Clèves, sans que personne s'en aperçût,
et il lui fit juger par ses regards qu'il n'avait d'autre
mal que son désespoir. Cependant il fallut qu'il les

laissât partir sans oser les suivre; et après ce qu'il avait dit, il ne pouvait plus retourner avec sa sœur: Ainsi il revint à Paris, et en partit le lendemain.

Le gentilhomme de M. de Clèves l'avait toujours observé : il revint aussi à Paris ; et, comme il vit M. de Nemours parti pour Chambord, il prit la poste afin d'y arriver devant lui, et de rendre compte de son voyage. Son maître attendait son retour comme ce qui allait décider du malheur de toute sa vie.

Sitôt qu'il le vit, il jugea par son visage et par son silence qu'il n'avait que des choses fâcheuses à lui apprendre.

Il demeura quelque temps saisi d'affliction, la tête baissée, sans pouvoir parler ; mais il lui fit signe de la main de se retirer.

—Allez, lui dit-il, je vois ce que vous avez à me dire ; mais je n'ai pas la force de l'écouter.

— Je n'ai rien à vous apprendre, répondit le gentilhomme, sur quoi on puisse faire de jugement assuré ; il est vrai que M. de Nemours a entré deux nuits de suite dans le jardin de la forêt, et qu'il a été le jour d'après à Coulommiers avec Mme de Mercœur.

— C'est assez, répliqua M. de Clèves, c'est assez, en lui faisant encore signe de se retirer, et je n'ai pas besoin d'un plus grand éclaircissement.

Le gentilhomme fut contraint de laisser son maître abandonné à son désespoir. Il n'y en a peut-être jamais eu un plus violent ; et peu d'hommes d'un aussi grand courage et d'un cœur aussi passionné que M. de Clèves ont ressenti en même temps la douleur que cause l'infidélité d'une maîtresse et la honte d'être trompé par une femme.

M. de Clèves ne put résister à l'accablement où il se trouva. La fièvre lui prit dès la nuit même, et avec de si grands accidens que dès ce moment sa maladie parut très dangereuse ; on en donna avis à Mme de Clèves ; elle vint en diligence. Quand elle arriva il était encore plus mal ; elle lui trouva quelque chose de si froid et de si glacé pour elle qu'elle en fut extrêmement surprise et affligée. Il lui parut même qu'il recevait avec peine les services qu'elle lui rendait ; mais enfin elle pensa que c'était peut-être un effet de sa maladie.

D'abord qu'elle fut à Blois, où la cour était alors, M. de Nemours ne put s'empêcher d'avoir de la joie de savoir qu'elle était dans le même lieu. Il essaya de la voir et alla tous les jours chez M. de Clèves, sur le prétexte de savoir de ses nouvelles ; mais ce fut inutilement. Elle ne sortait point de la chambre de son mari et avait une douleur violente de l'état où elle le voyait. M. de Nemours était désespéré qu'elle fût si affligée. Il jugeait aisément combien cette affliction renouvelait l'amitié qu'elle avait pour M. de Clèves, et combien cette amitié faisait une diversion dangereuse à la pas- sion qu'elle avait dans le cœur. Ce sentiment lui donna un chagrin mortel pendant quelque temps ; mais l'extrémité du mal de M. de Clèves lui ouvrit de nouvelles espérances. Il vit que Mme de Clèves serait peut-être en liberté de suivre son inclination, et qu'il pourrait trouver dans l'avenir une suite de bonheur et de plaisir durable. Il ne pouvait soutenir cette pensée, tant elle lui donnait de troubles et de transports, et il en éloignait son esprit, par la crainte de se trouver trop malheureux s'il venait à perdre ses espérances.

Cependant M. de Clèves était presque abandonné des médecins. Un des derniers jours de son mal, après avoir passé une nuit très fâcheuse, il dit, sur le matin, qu'il voulait reposer. Mme de Clèves demeura seule dans sa chambre ; il lui parut qu'au lieu de reposer il avait beaucoup d'inquiétude ; elle s'approcha et se vint mettre à genoux devant son lit, le visage couvert de larmes. M. de Clèves avait résolu de ne lui point témoigner le violent chagrin qu'il avait contre elle ; mais les soins qu'elle lui rendait et son affliction, qui lui paraissait quelquefois véritable et qu'il regardait aussi quelquefois comme des marques de dissimulation et de perfidie, lui causaient des sentimens si opposés et si douloureux qu'il ne les put renfermer en lui-même.

— Vous versez bien des pleurs, madame, lui dit-il, pour une mort que vous causez, et qui ne vous peut donner la douleur que vous faites paraître. Je ne suis plus en état de vous faire des reproches, continua-t-il

avec une voix affaiblie par la maladie et par la douleur ; mais je meurs du cruel déplaisir que vous m'avez donné. Fallait-il qu'une action aussi extraordinaire que celle que vous aviez faite de me parler à Coulommiers eût si peu de suite? Pourquoi m'éclairer sur la passion que vous aviez pour M. de Nemours, si votre vertu n'avait pas plus d'étendue pour y résister? Je vous aimais jusqu'à être bien aise d'être trompé, je l'avoue à ma honte ; j'ai regretté ce faux repos dont vous m'avez tiré. Que ne me laissiez-vous dans cet aveuglement tranquille dont jouissent tant de maris! J'eusse peut-être ignoré toute ma vie que vous aimiez M. de Nemours. Je mourrai, ajouta-t-il; mais sachez que vous me rendez la mort agréable, et qu'après m'avoir ôté l'estime et la tendresse que j'avais pour vous la vie me ferait horreur. Que ferais-je de la vie, reprit-il, pour la passer avec une personne que j'ai tant aimée, et dont j'ai été si cruellement trompé, ou pour vivre séparé de cette même personne, et en venir à un éclat et à des violences si opposés à mon humeur et à la passion que j'avais pour vous? Elle a été au delà de ce que vous en avez vu, madame : je vous en ai caché la plus grande artie par la crainte de vous importuner, ou de perdre quelque chose de votre estime par des manières qui ne convenaient pas à un mari ; enfin je méritais votre cœur : encore une fois, je meurs sans regret, puisque je n'ai pu l'avoir, et je ne puis plus le désirer. Adieu, ma-

dame, vous regretterez quelque jour un homme qui
vous aimait d'une passion véritable et légitime. Vous
sentirez le chagrin que trouvent les personnes raison-
nables dans ces engagemens, et vous connaîtrez la différence d'être aimée comme je vous aimais à l'être par
des gens qui, en témoignant de l'amour, ne cherchent
que l'honneur de vous séduire. Mais ma mort vous
laissera en liberté, ajouta-t-il, et vous pourrez rendre
M. de Nemours heureux sans qu'il vous en coûte des
crimes. Qu'importe, reprit-il, ce qui arrivera quand je
ne serai plus? et faut-il que j'aie la faiblesse d'y jeter
les yeux !

Mme de Clèves était si éloignée de s'imaginer que
son mari pût avoir des soupçons contre elle, qu'elle
écouta toutes ces paroles sans les comprendre et sans
avoir d'autre idée, sinon qu'il lui reprochait son
inclination pour M. de Nemours ; enfin, sortant tout
d'un coup de son aveuglement : Moi, des crimes ! s'é-
cria-t-elle ; la pensée même m'en est inconnue : la vertu
la plus austère ne peut inspirer d'autre conduite que
celle que j'ai eue ; et je n'ai jamais fait d'action dont
je n'eusse souhaité que vous eussiez été témoin. — Eus-
siez-vous souhaité, répliqua M. de Clèves en la regardant avec dédain, que je l'eusse été des nuits que vous
avez passées avec M. de Nemours? Ah! madame, est-
ce de vous que je parle quand je parle d'une femme
qui a passé des nuits avec un homme ? — Non, mon-

sieur, reprit-elle; non, ce n'est pas de moi que vous parlez : je n'ai jamais passé ni de nuits ni de momens avec M. de Nemours. Il ne m'a jamais vue en particulier, je ne l'ai jamais souffert ni écouté, et j'en ferais tous les sermens.... — N'en dites pas davantage, interrompit M. de Clèves : de faux sermens ou un aveu me feraient peut-être une égale peine. Mme de Clèves ne pouvait répondre; ses larmes et sa douleur lui ôtaient la parole ; enfin, faisant un effort : — Regardez moi du moins, écoutez-moi, lui dit-elle; s'il n'y allait que de mon intérêt, je souffrirais ce reproche ; mais il y va de votre vie : écoutez moi, pour l'amour de vous-même : il est impossible qu'avec tant de vérité je ne vous persuade mon innocence. — Plût à Dieu que vous me la pussiez persuader! s'écria-t il ; mais que me pouvez-vous dire? M. de Nemours n'a-t-il pas été à Coulommiers avec sa sœur? Et n'avait-il pas passé les deux nuits précédentes avec vous dans le jardin de la forêt?

— Si c'est là mon crime, répliqua-t-elle, il m'est aisé de me justifier. Je ne vous demande pas de me croire, mais croyez tous vos domestiques, et sachez si j'allai dans le jardin de la forêt la veille que M. de Nemours vint à Coulommiers, et si je n'en sortis pas le soir d'auparavant, deux heures plus tôt que je n'avais accoutumé. Elle lui conta ensuite comme elle avait cru voir quelqu'un dans ce jardin; elle lui avoua qu'elle avait cru que c'était M. de Nemours. Elle lui parla avec tant d'as-

surance, et la vérité se persuade si aisément, lors même
qu'elle n'est pas vraisemblable, que M. de Clèves fut
presque convaincu de son innocence. — Je ne sais, lui
dit-il, si je me dois laisser aller à vous croire, je me
sens si proche de la mort que je ne veux rien voir de
ce qui pourrait me faire regretter la vie. Vous m'avez
éclairci trop tard ; mais ce me sera toujours un soulagement d'emporter la pensée que vous êtes digne de
l'estime que j'ai eue pour vous. Je vous prie que je
puisse encore avoir la consolation de croire que ma mémoire vous sera chère, et que, s'il eût dépendu de vous,
vous eussiez eu pour moi des sentimens que vous avez
pour un autre.

Il voulut continuer, mais une faiblesse lui ôta la parole. Mme de Clèves fit venir les médecins : ils le trouvèrent presque sans vie. Il languit néanmoins encore
quelques jours, et mourut enfin avec une constance
admirable.

Mme de Clèves demeura dans une affliction si violente qu'elle perdit quasi l'usage de la raison.

La reine la vint voir avec soin, et la mena dans un
couvent, sans qu'elle sût où on la conduisait. Ses
belles-sœurs la ramenèrent à Paris qu'elle n'était pas
encore en état de sentir distinctement sa douleur.
Quand elle commença d'avoir la force de l'envisager,
et qu'elle vit quel mari elle avait perdu, qu'elle consi-
déra qu'elle était la cause de sa mort, et que c'était

par la passion qu'elle avait eue pour un autre qu'elle
en était cause, l'horreur qu'elle eut pour elle-même et
pour M. de Nemours ne se peut représenter.

Ce prince n'osa, dans ces commencemens, lui rendre d'autres soins que ceux que lui ordonnait la bienséance. Il connaissait assez Mme de Clèves pour croire
qu'un plus grand empressement lui serait désagréable ;
mais ce qu'il apprit ensuite lui fit bien voir qu'il devait avoir long-temps la même conduite.

Un écuyer qu'il avait lui conta que le gentilhomme
de M. de Clèves, qui était son ami intime, lui avait
dit, dans sa douleur de la perte de son maître, que le
voyage de M. de Nemours à Coulommiers était cause
de sa mort. M. de Nemours fut extrêmement surpris
de ce discours ; mais, après y avoir fait réflexion, il devina une partie de la vérité, et il jugea bien quels seraient d'abord les sentimens de Mme de Clèves, et quel
éloignement elle aurait de lui si elle croyait que le
mal de son mari eût été causé par la jalousie. Il crut
qu'il ne fallait pas même la faire si tôt souvenir de son
nom, et il suivit cette conduite, quelque pénible qu'elle
lui parût.

Il fit un voyage à Paris, et ne put s'empêcher néanmoins d'aller à sa porte pour apprendre de ses nouvelles. On lui dit que personne ne la voyait, et qu'elle
avait même défendu qu'on lui rendît compte de ceux
qui l'iraient chercher. Peut-être que ces ordres si

exacts étaient donnés en vue de ce prince et pour ne point entendre parler de lui.

M. de Nemours était trop amoureux pour pouvoir vivre si absolument privé de la vue de Mme de Clèves. Il résolut de trouver des moyens, quelque difficiles qu'ils pussent être, de sortir d'un état qui lui paraissait si insupportable.

La douleur de cette princesse passait les bornes de la raison. Ce mari mourant, et mourant à cause d'elle et avec tant de tendresse pour elle, ne lui sortait point de l'esprit. Elle repassait incessamment tout ce qu'elle lui devait, et elle se faisait un crime de n'avoir pas eu de la passion pour lui, comme si c'eût été une chose qui eût été en son pouvoir. Elle ne trouvait de consolation qu'à penser qu'elle le regrettait autant qu'il méritait d'être regretté, et qu'elle ne ferait dans le reste de sa vie que ce qu'il aurait été bien aise qu'elle eût fait s'il avait vécu.

Elle avait pensé plusieurs fois comment il avait su que M. de Nemours était venu à Coulommiers : elle ne soupçonnait pas ce prince de l'avoir conté, et il lui paraissait même indifférent qu'il l'eût redit, tant elle se croyait guérie et éloignée de la passion qu'elle avait eue pour lui ! Elle sentait néanmoins une douleur vive de s'imaginer qu'il était cause de la mort de son mari, et elle se souvenait avec peine de la crainte que M. de Clèves lui avait témoignée, en mourant, qu'elle ne l'épousât ; mais toutes ces douleurs se confondaient dans celle de la perte de son mari, et elle croyait n'en avoir point d'autre.

Après que plusieurs mois furent passés, elle sortit de cette violente affliction où elle était, et passa dans un état de tristesse et de langueur. Mme de Martigues fit un voyage à Paris, et la vit avec soin pendant le séjour qu'elle y fit.

Elle l'entretint de la cour et de tout ce qui s'y passait ; et, quoique Mme de Clèves ne parût pas y prendre intérêt, Mme de Martigues ne laissait pas de lui en parler pour la divertir.

Elle lui conta des nouvelles du vidame, de M. de Guise et de tous les autres qui étaient distingués par leur personne ou par leur mérite.

— Pour M. de Nemours, dit-elle, je ne sais si les affaires ont pris dans son cœur la place de la galanterie, mais il a bien moins de joie qu'il n'avait accoutumé d'en avoir, il paraît fort retiré du commerce des femmes : il fait souvent des voyages à Paris, et je crois même qu'il y est présentement.

Le nom de M. de Nemours surprit Mme de Clèves et la fit rougir : elle changea le discours, et Mme de Martigues ne s'aperçut point de son trouble.

Le lendemain, cette princesse, qui cherchait des occupations conformes à l'état où elle était, alla, proche de chez elle, voir un homme qui faisait des ouvrages en

soie d'une façon particulière, et elle y fut dans le dessein d'en faire faire de semblables. Après qu'on les lui
eut montrés, elle vit la porte d'une chambre où elle
crut qu'il y en avait encore : elle dit qu'on la lui ou-
vrît. Le maître répondit qu'il n'avait pas la clé, et
qu'elle était occupée par un homme qui y venait quelquefois, pendant le jour, pour dessiner de belles maisons et des jardins que l'on voyait de ses fenêtres. C'est
l'homme du monde le mieux fait, ajouta-t-il : il n'a
guère la mine d'être réduit à gagner sa vie. Toutes les
fois qu'il vient céans, je le vois toujours regarder les
maisons et les jardins, mais je ne le vois jamais travailler.

Mme de Clèves écoutait ce discours avec une grande
attention. Ce que lui avait dit Mme de Martigues, que
M. de Nemours était quelquefois à Paris, se joignit
dans son imagination à cet homme bien fait qui venait
proche de chez elle, et lui fit une idée de M. Nemours,
et de M. de Nemours appliqué à la voir, qui lui donna
un trouble confus dont elle ne savait pas même la cause.
Elle alla vers les fenêtres pour voir où elles donnaient;
elle trouva qu'elles voyaient tout son jardin et la face
de son appartement : et, lorsqu'elle fut dans sa chambre, elle remarqua aisément cette même fenêtre où on
lui avait dit que venait cet homme.

La pensée que c'était M. de Nemours changea entièrement la situation de son esprit; elle ne se trouva plus

dans un certain triste repos qu'elle commençait à goû-
ter ; elle se sentit inquiète et agitée : enfin, ne pouvant
demeurer avec elle-même, elle sortit et alla prendre
l'air dans un jardin hors des faubourgs, où elle pensait
être seule.

Elle crut, en y arrivant, qu'elle ne s'était pas trompée ; elle ne vit aucune apparence qu'il y eût quelqu'un,
et elle se promena assez long-temps.

Après avoir traversé un petit bois, elle aperçut, au
bout d'une allée, dans l'endroit le plus reculé du jardin, une manière de cabinet ouvert de tous côtés, où
elle adressa ses pas.

Comme elle en fut proche, elle vit un homme cou-
ché sur des bancs, qui paraissait enseveli dans une rêverie profonde, et elle reconnut que c'était M. de Nemours.

Cette vue l'arrêta tout court ; mais ses gens, qui la
suivaient firent quelque bruit qui tira M. de Nemours
de sa rêverie. Sans regarder qui avait causé le bruit
qu'il avait entendu, il se leva de sa place pour éviter la
compagnie qui venait vers lui, et tourna dans une autre allée en faisant une révérence fort basse, qui l'empêcha même de voir ceux qu'il saluait.

S'il eût su ce qu'il évitait, avec quelle ardeur serait-il
retourné sur ses pas ! Mais il continua à suivre l'allée,
et Mme de Clèves le vit sortir par une porte de derrière, où l'attendait son carrosse.

Quel effet produisit cette vue d'un moment dans le cœur de Mme de Clèves ! Quelle passion endormie se ralluma dans son cœur, et avec quelle violence ! Elle alla s'asseoir dans le même endroit d'où venait de sortir M. de Nemours ; elle y demeura comme accablée.

Ce prince se présenta à son esprit, aimable au dessus de tout ce qui était au monde, l'aimant depuis long-temps avec une passion pleine de respect et de fidélité, méprisant tout pour elle, respectant jusqu'à sa douleur, songeant à la voir sans en être vu, quittant la cour, dont il faisait les délices, pour aller regarder les murailles qui la renfermaient, pour venir rêver dans les lieux où il ne pouvait prétendre de la rencontrer ; enfin un homme digne d'être aimé par son seul attachement, et pour qui elle avait une inclination si violente qu'elle l'aurait aimé quand il ne l'aurait pas aimée ; mais de plus, un homme d'une qualité élevée et convenable à la sienne. Plus de devoir, plus de vertu qui s'opposassent à ses sentimens : tous les obstacles étaient levés, et il ne restait de leur état passé que la passion de M. de Nemours pour elle, et que celle qu'elle avait pour lui.

Toutes ces idées furent nouvelles à cette princesse. L'affliction de la mort de M. de Clèves l'avait assez occupée pour avoir empêché qu'elle n'y eût jeté les yeux. La présence de M. de Nemours les amena en foule dans son esprit ; mais, quand il en eut été pleinement rem-

pli, et qu'elle se souvint aussi que ce même homme
qu'elle regardait comme pouvant l'épouser était celui
qu'elle avait aimé du vivant de son mari, et qui était la
cause de sa mort ; que même, en mourant, il lui avait
témoigné de la crainte qu'elle ne l'épousât, son austère
vertu était si blessée de cette imagination, qu'elle ne
trouvait guère moins de crime à épouser M. de Nemours qu'elle en avait trouvé à l'aimer pendant la vie
de son mari.

Elle s'abandonna à ces réflexions si contraires à son
bonheur ; elle les fortifia encore de plusieurs raisons
qui regardaient son repos et les maux qu'elle prévoyait
en épousant ce prince. Enfin, après avoir demeuré
deux heures dans le lieu où elle était, elle s'en revint
chez elle, persuadée qu'elle devait fuir sa vue comme
une chose entièrement opposée à son devoir.

Mais cette persuasion, qui était un effet de sa raison
et de sa vertu, n'entraînait pas son cœur. Il demeurait
attaché à M. de Nemours avec une vio'ence qui la met-
tait dans un état digne de compassion, et qui ne lui
laissa plus de repos. Elle passa une des plus cruelles
nuits qu'elle eût jamais passées. Le matin, son premier
mouvement fut d'aller voir s'il n'y aurait personne à la
fenêtre qui donnait chez elle : elle y alla, elle y vit M. de
Nemours. Cette vue la surprit, et elle se retira avec une
promptitude qui fit juger à ce prince qu'il avait été reconnu. Il avait souvent désiré de l'être, depuis que sa

passion lui avait fait trouver ces moyens de voir Mme de
Clèves ; et, lorsqu'il n'espérait pas d'avoir ce plaisir, il
allait rêver dans le même jardin où elle l'avait trouvé.

Lassé enfin d'un état si malheureux et si incertain,
il résolut de tenter quelque voie d'éclaircir sa destinée.
Que veux-je attendre? disait-il ; il y a long-temps que
j'en suis aimé; elle est libre, elle n'a plus de devoir à
m'opposer: pourquoi me réduire à la voir sans être vu
et sans lui parler? Est-il possible que l'amour m'ait si
cruellement ôté la raison et la hardiesse, et qu'il m'ait
rendu si différent de ce que j'ai été dans les autres passions de ma vie? J'ai dû respecter la douleur de Mme de
Clèves ; mais je la respecte trop long-temps, et je lui
donne le loisir d'éteindre l'inclination qu'elle a pour
moi.

Après ces réflexions, il songea aux moyens dont il
devait se servir pour la voir. Il crut qu'il n'y avait plus
rien qui l'obligeât à cacher sa passion au vidame de
Chartres : il résolut de lui en parler et de lui dire le
dessein qu'il avait pour sa nièce.

Le vidame était alors à Paris ; tout le monde y était
venu donner ordre à son équipage et à ses habits pour
suivre le roi, qui devait conduire la reine d'Espagne.
M. de Nemours alla donc chez le vidame, et lui fit un
aveu sincère de tout ce qu'il lui avait caché jusqu'alors,
à la réserve des sentimens de Mme de Clèves, dont il ne
voulut pas paraître instruit.

Le vidame reçut tout ce qu'il lui dit avec beaucoup de joie, et l'assura que, sans savoir ses sentimens, il avait souvent pensé, depuis que Mme de Clèves était veuve, qu'elle était la seule personne digne de lui. M. de Nemours le pria de lui donner les moyens de lui parler, et de savoir quelles étaient ses dispositions.

Le vidame lui proposa de le mener chez elle ; mais M. de Nemours crut qu'elle en serait choquée, parce qu'elle ne voyait encore personne. Ils trouvèrent qu'il fallait que M. le vidame la priât de venir chez lui sur quelque prétexte, et que M. de Nemours y vînt par un escalier dérobé, afin de n'être vu de personne. Cela s'exécuta comme ils l'avaient résolu : Mme de Clèves vint, le vidame l'alla recevoir et la conduisit dans un grand cabinet au bout de son appartement. Quelque temps après M. de Nemours entra comme si le hasard l'eût conduit. Mme de Clèves fut extrêmement surprise de le voir ; elle rougit, et essaya de cacher sa rougeur. Le vidame parla d'abord de choses indifférentes, et sortit, supposant qu'il avait quelque ordre à donner. Il dit à Mme de Clèves qu'il la priait de faire les honneurs de chez lui, et qu'il allait rentrer dans un moment.

L'on ne peut expliquer ce que sentirent M. de Nemours et Mme de Clèves de se trouver seuls et en état de se parler pour la première fois. Ils demeurèrent quelque temps sans rien dire ; enfin M. de Nemours

rompant le silence : — Pardonnez-vous à M. de Chartres, madame, lui dit-il, de m'avoir donné l'occasion de
vous voir et de vous entretenir, que vous m'avez toujours si cruellement ôtée? — Je ne lui dois pas pardonner, répondit-elle, d'avoir oublié l'état où je suis, et à
quoi il expose ma réputation. En prononçant ces paroles, elle voulut s'en aller, et M. de Nemours la rete-
nant : — Ne craignez rien, madame, répliqua-t-il, personne ne sait que ju suis ici, et aucun hasard n'est à
craindre. Ecoutez-moi, madame, écoutez-moi, si ce
n'est par bonté, que ce soit du moins pour l'amour de
vous-même, et pour vous délivrer des extravagances où
m'emporterait infailliblement une passion dont je ne
suis plus le maître.

Mme de Clèves céda pour la première fois au penchant qu'elle avait pour M. de Nemours; et en le regardant avec des yeux pleins de douceur et de charmes : — Mais qu'espérez-vous, lui dit-elle, de la complaisance que vous me demandez? Vous vous repenti-
rez peut-être de l'avoir obtenue, et je me repentirai infailliblement de vous l'avoir accordée. Vous méritez une
destinée plus heureuse que celle que vous avez eue jusque'ici, et que celle que vous pouvez trouver à l'avenir, à moins que vous ne la cherchiez ailleurs. — Moi,
madame, lui dit-il, chercher le bonheur ailleurs? et y
en a-t-il d'autre que d'être aimé de vous? Quoique je
ne vous aie jamais parlé, je ne saurais croire, madam

que vous ignoriez ma passion, et que vous ne la con-
naissiez pour la plus véritable et la plus violente qui
sera jamais. A quelle épreuve a-t-elle été par des choses qui vous sont inconnues? et à quelle épreuve l'avez-
vous mise par vos rigueurs?

— Puisque vous voulez que je vous parle, et que je
m'y décide, répondit Mme de Clèves en s'asseyant, je
le ferai avec une sincérité que vous trouverez malaisé-
ment dans les personnes de mon sexe. Je ne vous dirai
point que je n'ai pas vu l'attachement que vous avez eu
pour moi; peut-être ne me croiriez-vous pas quand je
vous le dirais; je vous avoue donc non seulement que
je l'ai vu, mais que je l'ai vu tel que vous pouvez souhaiter qu'il m'ait paru.

— Et si vous l'avez vu, madame, interrompit-il, est-
il possible que vous n'en ayez point été touchée? et oserais-je vous demander s'il n'a fait aucune impression
dans votre cœur?

— Vous en avez dû juger par ma conduite, lui répliqua-t-elle; mais je voudrais bien savoir ce que vous en
avez pensé.

— Il faudrait que je fusse dans un état plus heureux
pour vous l'oser dire, répondit-il, et ma destinée a trop
peu de rapport à ce que je vous dirais. Tout ce que je
puis vous apprendre, madame, c'est que j'ai souhaité
ardemment que vous n'eussiez pas avoué à M. de Clè-

ves ce que vous me cachiez, et que vous lui eussiez caché ce que vous m'eussiez laissé voir.

— Comment avez-vous pu découvrir, reprit-elle en rougissant, que j'aie avoué quelque chose à M. de Clèves ?

— Je l'ai su par vous-même, madame, répondit-il; mais, pour me pardonner la hardiesse que j'ai eue de vous écouter, souvenez-vous si j'ai abusé de ce que j'ai entendu, si mes espérances en ont augmenté et si j'ai eu plus de hardiesse à vous parler.

Il commença à lui conter comment il avait entendu sa conversation avec M. de Clèves; mais elle l'interrompit avant qu'il eût achevé.

— Ne m'en dites pas davantage, lui dit-elle, je vois présentement par où vous avez été si bien instruit; vous ne me le parûtes déjà que trop chez Mme la dauphine, qui avait su cette aventure par ceux à qui vous l'aviez confiée.

M. de Nemours lui apprit alors de quelle sorte la chose était arrivée.

— Ne vous excusez point, reprit-elle, il y a longtemps que je vous ai pardonné sans que vous m'ayez dit la raison; mais puisque vous avez appris par moi-même ce que j'avais eu dessein de vous cacher toute ma vie, je vous avoue que vous m'avez inspiré des sentimens qui m'étaient inconnus devant que de vous avoir vu, et dont j'avais même si peu d'idée qu'ils me don-

10

nèrent d'abord une surprise qui augmentait encore le trouble qui les suit toujours. Je vous fais cet aveu avec moins de honte, parce que je le fais dans un temps où je le puis faire sans crime, et que vous avez vu que ma conduite n'a pas été réglée par mes sentimens.

— Croyez-vous, madame, lui dit M. de Nemours en se jetant à ses genoux, que je n'expire pas à vos pieds de joie et de transport !

— Je ne vous apprends, lui répondit-elle en souriant, que ce que vous ne saviez déjà que trop.

— Ah ! madame, répliqua-t-il, quel différence de le savoir par un effet du hasard ou de l'apprendre par vous-même, et de voir que vous voulez bien que je le sache !

— Il est vrai, lui dit-elle, que je veux bien que vous le sachiez, et que je trouve de la douceur à vous le dire ; je ne sais même si je ne vous le dis point plus pour l'amour de moi que pour l'amour de vous. Car enfin cet aveu n'aura point de suite, et je suivrai les règles austères que mon devoir m'impose.

— Vous n'y songez pas, madame, répondit M. de Nemours ; il n'y a plus de devoir qui vous lie, vous êtes en liberté, et, si j'osais, je vous dirais même qu'il dépend de vous de faire en sorte que votre devoir vous oblige un jour à conserver les sentimens que vous avez pour moi.

— Mon devoir, répliqua-t-elle, me défend de penser

jamais à personne, et moins à vous qu'à qui que ce soit au monde, par des raisons qui vous sont inconnues.

— Elles ne me le sont peut-être pas, madame, reprit-il; mais ce ne sont point de véritables raisons. Je crois savoir que M. de Clèves m'a cru plus heureux que je n'étais, et qu'il s'est imaginé que vous aviez approuvé des extravagances que la passion m'a fait entreprendre sans votre aveu.

— Ne parlons point de cette aventure, lui dit-elle, je n'en saurais soutenir la pensée; elle me fait honte et elle m'est aussi douloureuse par les suites qu'elle a eues. Il n'est que trop véritable que vous êtes cause de la mort de M. de Clèves; les soupçons que lui a donnés votre conduite inconsidérée lui ont coûté la vie comme si vous la lui aviez ôtée de vos propres mains. Voyez ce que je devrais faire si vous en étiez venus ensemble à ces extrémités, et que le même malheur en fût arrivé; je sais bien que ce n'est pas la même chose à l'égard du monde, mais au mien il n'y a aucune différence, puisque je sais que c'est par vous qu'il est mort, et que c'est à cause de moi.

— Ah! madame, lui dit M. de Nemours, quel fantôme de devoir opposez-vous à mon bonheur? Quoi! madame, une pensée vaine et sans fondement vous empêchera de rendre heureux un homme que vous ne haïssez pas! Quoi! j'aurais pu concevoir l'espérance de passer ma vie avec vous; ma destinée m'aurait conduit à aimer la plus estimable personne du monde; j'aurais vu en elle tout ce qui peut faire une adorable maîtresse; elle ne m'aurait pas haï, et je n'aurais trouvé dans sa conduite que tout ce qui peut être à désirer dans une femme! Car enfin, madame, vous êtes peut-être la seule personne en qui ces deux choses se soient jamais trouvées au degré qu'elles sont en vous. Tous ceux qui épousent des maîtresses dont ils sont aimés tremblent en les épousant, et regardent avec crainte, par rapport aux autres, la conduite qu'elles ont eue avec eux; mais en vous, madame, rien n'est à craindre, et on ne trouve que des sujets d'admiration. N'aurais-je envisagé, dis-je, une si grande félicité que pour y voir apporter vous-même des obstacles? Ah! madame, vous oubliez que vous m'avez distingué du reste des hommes, ou plutôt vous ne m'en avez jamais distingué; vous vous êtes trompée et je me suis flatté.

— Vous ne vous êtes point flatté, lui répondit-elle, les raisons de mon devoir ne me paraîtraient peut-être pas si fortes sans cette distinction dont vous doutez, et c'est elle qui me fait envisager des malheurs à m'attacher à vous.

— Je n'ai rien à répondre, madame, reprit-il, quand vous me faites voir que vous craignez des malheurs; mais je vous avoue qu'après tout ce que vous avez bien voulu me dire, je ne m'atttendais pas à trouver une si cruelle raison.

— Elle est si peu offensante pour vous, reprit Mme de
Clèves, que j'ai même beaucoup de peine à vous l'apprendre.

— Hélas! madame, répliqua-t-il, que pouvez-vous
craindre qui me flatte trop, après ce que vous venez de
me dire?

— Je veux vous parler encore avec la même sincérité que j'ai déjà commencé, reprit-elle, et je vais passer par dessus toute la retenue et toutes les délicatesees
que je devrais avoir dans une première conversation;
mais je vous conjure de m'écouter sans m'interrompre.

Je crois devoir à votre attachement la faible récom-
pense de ne vous cacher aucun de mes sentimens, et
de vous les laisser voir tels qu'ils sont. Ce sera apparemment la seule fois de ma vie que je me donnerai la
liberté de vous les faire paraître : néanmoins je ne saurais vous avouer sans honte que la certitude de n'être
plus aimée de vous, comme je le suis, me paraît un si
horrible malheur, que quand je n'aurais point de raisons
de devoir insurmontables, je doute si je pourrais me
résoudre à m'exposer à ce malheur. Je sais que vous
êtes libre, que je le suis, et que les choses sont d'une
sorte que le public n'aurait peut-être pas sujet de vous
blâmer, ni moi non plus, quand nous nous engagerions
ensemble pour jamais; mais les hommes conservent-ils
de la passion dans ces engagemens éternels? dois-je espérer un miracle en ma faveur? et puis-je me mettre

en état de voir certainement finir cette passion dont je ferais toute ma félicité ?

M. de Clèves était peut-être l'unique homme au monde capable de conserver de l'amour dans le mariage. Ma destinée n'a pas voulu que j'aie pu profiter de ce bonheur : peut-être aussi que sa passion n'aurait subsisté que parce qu'il n'en aurait pas trouvé en moi ; mais je n'aurais pas le même moyen de conserver la vôtre : je crois même que les obstacles ont fait votre constance : vous en avez trouvé pour vous animer à vaincre ; et mes actions involontaires, ou les choses que e hasard vous a apprises, vous ont donné assez d'espérance pour ne vous pas rebuter.

— Ah, madame ! reprit M. de Nemours, je ne saurais garder le silence que vous m'imposez ; vous me faites trop d'injustice, et vous me faites trop voir combien vous êtes éloignée d'être prévenue en ma faveur.

— J'avoue, répondit-elle, que les passions peuvent me conduire ; mais elles ne sauraient m'aveugler : rien ne me peut empêcher de connaître que vous êtes né avec toutes les dispositions pour la galanterie, et toutes les qualités qui sont propres à y donner des succès heureux : vous avez déjà eu plusieurs passions ; vous en auriez encore, je ne ferais plus votre bonheur ; je vous verrais pour une autre comme vous auriez été pour moi ; j'en aurais une douleur mortelle, et je ne serais pas même assurée de n'avoir point le malheur de la ja-

lousie. Je vous en ai trop dit pour vous cacher que vous
me l'avez fait connaître, et que je souffris de si cruelles
peines le soir que la reine me donnacette lettre de Mme
de Thémines, que l'on disait qui s'adressait à vous,
qu'il m'en est demeuré une idée qui me fait croire que
c'est le plus grand de tous les maux.

Par vanité ou par goût, toutes les femmes souhai-
tent de vous attacher; il y en a peu à qui vous ne plai-
siez : mon expérience me fait croire qu'il n'y en a point
à qui vous ne puissiez plaire. Je vous croirais amoureux
et aimé, et je ne me tromperais pas souvent : dans
cet état néanmoins, je n'aurais d'autre parti à prendre
que celui de la souffrance : je ne sais même si j'oserais
me plaindre. On fait des reproches à un amant, mais
en fait-on à un mari quand on n'a qu'à lui reprocher
de n'avoir plus d'amour?

Quand je pourrais m'accoutumer à cette sorte de malheur, pourrais-je m'accoutumer à celui de croire voir
M. de Clèves vous accuser de sa mort, me reprocher
de vous avoir aimé, de vous avoir épousé, et me faire
sentir la différence de son attachement au vôtre? Il est
impossible, continua-t-elle, de passer par dessus des raisons si fortes : il faut que je demeure dans l'état où je
suis, et dans les résolutions que j'ai prises de n'en sortir jamais.

—Eh! croyez-vous le pouvoir madame? s'écria
M. de Nemours. Pensez-vous que vos résolutions tien-

nent contre un homme qui vous adore, et qui est assez heureux pour vous plaire? Il est plus difficile que vous ne pensez, madame, de résister à ce qui nous plaît et à ce qui nous aime. Vous l'avez fait par une vertu austère qui n'a presque point d'exemple ; mais cette vertu ne s'oppose plus à vos sentimens, et j'espère que vous les suivrez malgré vous.

— Je sais bien qu'il n'y a rien de plus difficile que ce que j'entreprends, répliqua Mme de Clèves ; je me défie de mes forces au milieu de mes raisons : ce que je crois devoir à la mémoire de M. de Clèves serait faible, s'il n'était soutenu par l'intérêt de mon repos; et les raisons de mon repos ont besoin d'être soutenues de celles de mon devoir ; mais, quoique je me défie de moi-même, je crois que je ne vaincrai jamais mes scrupules, et je n'espère pas aussi de surmonter l'inclination que j'ai pour vous. Elle me rendra malheureuse, et je me priverai de votre vue, quelque violence qu'il m'en coûte. Je vous conjure, par tout le pouvoir que j'ai sur vous, de ne chercher aucune occasion de me voir. Je suis dans un état qui me fait des crimes de tout ce qui pourrait être permis dans un autre temps, et la seule bienséance interdit tout commerce entre nous.

M. de Nemours se jeta à ses pieds, et s'abandonna à tous les divers mouvemens dont il était agité. Il lui fit voir, et par ses paroles et par ses pleurs, la plus vive et la plus tendre passion dont un cœur ait jamais été

touché. Celui de Mme de Clèves n'était pas insensible ;
et, regardant ce prince avec des yeux un peu gros-
sis par des larmes :

— Pourquoi faut-il, s'écria-t-elle, que je vous puisse
accuser de la mort de M. de Clèves ? Que n'ai-je commencé à vous connaître depuis que je suis libre ? ou
pourquoi ne vous ai-je pas connu avant que d'être engagée ? Pourquoi la destinée nous sépare-t-elle par un
obstacle invincible ?

— Il n'y a point d'obstacle, madame, reprit M. de
Nemours ; vous seule vous opposez à mon bonheur,
vous seule vous imposez une loi que la vertu et la raison ne vous sauraient imposer.

— Il est vrai, répliqua-t-elle, que je sacrifie beaucoup à un devoir qui ne subsiste que dans mon imagination : attendez ce que le temps pourra faire. M. de
Clèves ne fait encore que d'expirer, et cet objet funeste
est trop proche pour me laisser des vues claires et dis-
tinctes : ayez cependant le plaisir de vous être fait aimer
d'une personne qui n'aurait rien aimé si elle ne vous
avait jamais vu ; croyez que les sentimens que j'ai pour
vous seront éternels, et qu'ils subsisteront également,
quoi que je fasse. Adieu, lui dit-elle ; voici une conversation qui me fait honte ; rendez-en compte à M. le
vidame, j'y consens et je vous en prie.

Elle sortit en disant ces paroles, sans que M. de Nemours pût la retenir ; elle trouva M. le vidame dans la

chambre la plus proche : il la vit si troublée qu'il n'osa
lui parler, et il la remit en son carrosse sans lui rien
dire. Il revint trouver M. de Nemours, qui était si
plein de joie, de tristesse, d'étonnement et d'admiration, enfin de tous les sentimens que peut donner une
passion pleine de crainte et d'espérance, qu'il n'avait
pas l'usage de la raison. Le vidame fut long-temps à
obtenir qu'il lui rendît compte de sa conversation. Il le
fit enfin, et M. de Chartres sans être amoureux, n'eut
pas moins d'admiration pour la vertu, l'esprit et le mérite de Mme de Clèves, que M. de Nemours en avait
lui-même. Ils examinèrent ce que ce prince devait espérer de sa destinée ; et quelques craintes que son amour
lui pût donner, il demeura d'accord avec M. le vidame
qu'il était impossible que Mme de Clèves demeurât dans
les résolutions où elle était. Ils convinrent néanmoins
qu'il fallait suivre ses ordres, de crainte que, si le public s'apercevait de l'attachement qu'il avait pour elle,
elle ne fît des déclarations et ne prît des engagemens
envers le monde, qu'elle soutiendrait par la suite par
la peur qu'on ne crût qu'elle l'eût aimé du vivant de
son mari.

M. de Nemours se détermina à suivre le roi. C'était
un voyage dont il ne pouvait aussi bien se dispenser, et
il résolut de s'en aller sans tenter même de revoir
Mme de Clèves du lieu où il l'avait vue quelquefois. Il
pria M. le vidame de lui parler. Que ne lui dit-il point

pour lui dire ! Quel nombre infini de raisons pour la
persuader de vaincre ses scrupules ! Enfin une partie de
la nuit était passée devant que M. de Nemours songeât
à le laisser en repos.

Mme de Clèves n'était pas en état d'en trouver : ce
lui était une chose si nouvelle d'être sortie de cette contrainte qu'elle s'était imposée, d'avoir souffert pour la
première fois de sa vie qu'on lui dît qu'on était amoureux d'elle, et d'avoir dit elle-même qu'elle aimait,
qu'elle ne se connaissait plus. Elle fut étonnée de ce
qu'elle avait fait; elle s'en repentit; elle en eut de la
joie : tous ses sentimens étaient pleins de trouble et de
passion. Elle examina encore les raisons de son devoir
qui s'opposaient à son bonheur : elle sentit de la douleur de les trouver si fortes, et elle se repentit de les
avoir si bien montrées à M. de Nemours. Quoique la
pensée de l'épouser lui fût venue dans l'esprit sitôt
qu'elle l'avait revu dans ce jardin, elle ne lui avait pas
fait la même impression que venait de faire la conversation qu'elle avait eue avec lui, et il y avait des momens où elle avait de la peine à comprendre qu'elle pût
être malheureuse en l'épousant. Elle eût bien voulu se
pouvoir dire qu'elle était mal fondée et dans ses scrupules du passé et dans ses craintes de l'avenir. La raison et son devoir lui montraient, dans d'autres momens,
des choses tout opposées, qui l'emportaient rapidement
à la résolution de ne point se remarier et de ne voir ja-

mais M. de Nemours; mais c'était une résolution bien
violente à établir dans un cœur aussi touché que le
sien, et aussi nouvellement abandonné aux charmes de
l'amour. Enfin, pour se donner quelque calme, elle
pensa qu'il n'était point encore nécessaire qu'elle se fît
la violence de prendre des résolutions: la bienséance
lui donnait un temps considérable à se déterminer;
mais elle résolut de demeurer ferme à n'avoir aucun
commerce avec M. de Nemours. Le vidame la vint voir,
et servit ce prince avec tout l'esprit et l'application ima-
ginables. Il ne la put faire changer sur sa conduite, ni
sur celle qu'elle avait imposée à M. de Nemours. Elle
lui dit que son dessein était de demeurer dans l'état où
elle se trouvait; qu'elle connaissait que ce dessein était
difficile à exécuter, mais qu'elle espérait d'en avoir la
force. Elle lui fit si bien voir à quel point elle était touchée de l'opinion que M. de Nemours avait causé la
mort à son mari, et combien elle était persuadée qu'elle
ferait une action contre son devoir en l'épousant, que
le vidame craignit qu'il ne fût malaisé de lui ôter cette
impression. Il ne dit pas à ce prince ce qu'il pensait;
et, en lui rendant compte de sa conversation, il lui
laissa toute l'espérance que la raison doit donner à un
homme qui est aimé.

Ils partirent le lendemain et allèrent joindre le roi.
M. le vidame écrivit à Mme de Clèves, à la prière de
M. de Nemours, pour lui parler de ce prince; et, dans

une seconde lettre, qui suivit bientôt la première, M. de
Nemours y mit quelques lignes de sa main. Mais
Mme de Clèves, qui ne voulait pas sortir des règles
qu'elle s'était imposées, et qui craignait les accidens
qui peuvent arriver par les lettres, manda au vidame
qu'elle ne recevrait plus les siennes s'il continuait à lui
parler de M. de Nemours, et elle lui manda si fortement que ce prince le pria même de ne le plus nommer.

La cour alla conduire la reine d'Espagne jusqu'en
Poitou. Pendant cette absence, Mme de Clèves demeura
à elle-même ; et, à mesure qu'elle était éloignée de
M. de Nemours et de tout ce qui l'en pouvait faire
souvenir, elle rappelait la mémoire de M. de Clèves,
qu'elle se faisait un honneur de conserver.

Les raisons qu'elle avait de ne point épouser M. de
Nemours lui paraissaient fortes du côté de son devoir,
et insurmontables du côté de son repos. La fin de l'a-
mour de ce prince et les maux de la jalousie, qu'elle
croyait infaillibles dans un mariage, lui montraient un
malheur certain où elle s'allait jeter ; mais elle voyait
aussi qu'elle entreprenait une chose impossible, que de
résister en présence au plus aimable homme du monde,
qu'elle aimait, et dont elle était aimée, et de lui résister
sur une chose qui ne choquait ni la vertu ni la bienséance.

Elle jugea que l'absence seule et l'éloignement pou-

vaient lui donner quelque force : elle trouva qu'elle en
avait besoin non seulement pour soutenir la résolution
de ne se pas engager, mais même pour se défendre de
voir M. de Nemours ; et elle résolut de faire un assez
long voyage, pour passer tout le temps que la bienséance l'obligeait à vivre dans la retraite.

De grandes terres qu'elle avait dans les Pyrénées lui
parurent le lieu le plus propre qu'elle pût choisir. Elle
partit peu de jours avant que la cour revînt, et en par-
tant elle écrivit à M. le vidame pour le conjurer que
l'on ne songeât point à avoir de ses nouvelles ni à lui
écrire.

Mme de Clèves, dont l'esprit avait été si agité, tomba
dans une maladie violente sitôt qu'elle fut arrivé chez
elle.

On apprit à la cour qu'elle était hors de cet extrême
péril où elle avait été ; mais elle demeura dans une
maladie de langueur qui ne laissait guère d'espoir de
vie.

Cette vue si longue et si prochaine de la mort fit paraître à Mme de Clèves les choses de cette vie de cet
œil si différent dont on les voit dans la santé. La nécessité de mourir, dont elle se voyait si proche, l'accou-
tuma à se détacher de toutes choses, et la longueur de
sa maladie lui en fit une habitude.

Lorsqu'elle revint de cet état, elle trouva néanmoins
que M. de Nemours n'était pas effacé de son cœur ;

mais elle appela à son secours, pour se défendre contre
lui, toutes les raisons qu'elle croyait avoir pour ne l'é-
pouser jamais. Il se passa un grand combat en elle-
même. Enfin elle surmonta les restes de cette passion,
qui était affaiblie par les sentimens que sa maladie lui
avait donnés : les pensées de la mort lui avaient reproché la mémoire de M. de Clèves. Ce souvenir, qui s'ac-
cordait à son devoir, s'imprima fortement dans son
cœur : les passions et les engagemens du monde lui
parurent tels qu'ils paraissent aux personnes qui ont
des vues plus grandes et plus éloignées.

Sa santé, qui demeura considérablement affaiblie,
lui aida à conserver ses sentimens ; mais comme elle
connaissait ce que peuvent les occasions sur les résolutions les plus sages, elle ne voulut pas s'exposer à détruire les siennes, ni revenir dans les lieux où était ce
qu'elle avait aimé.

Elle se retira, sur le prétexte de changer d'air, dans
une maison religieuse, sans faire paraître un dessein
arrêté de renoncer à la cour.

A la première nouvelle qu'en eut M. de Nemours, il
sentit le poids de cette retraite et il en vit l'importance.
Il crut dans ce moment qu'il n'avait plus rien à espérer. La perte de ses espérances ne l'empêcha pas de
mettre tout en usage pour faire revenir Mme de Clèves :
il fit écrire la reine, il fit écrire le vidame, il l'y fit aller ; mais tout fut inutile. Le vidame la vit : elle ne lui

dit point qu'elle eût pris des résolutions ; il jugea néanmoins qu'elle ne reviendrait jamais. Enfin M. de Nemours y alla lui-même, sur le prétexte d'aller à des
bains.

Elle fut extrêmement troublée et surprise d'apprendre sa venue ; elle lui fit dire par une personne de mérite qu'elle aimait, et qu'elle avait alors auprès d'elle,
qu'elle le priait de ne pas trouver étrange si elle
ne s'exposait point au péril de le voir, et de détruire,
par sa présence, des sentimens qu'elle devait conserver ; qu'elle voulait bien qu'il sût qu'ayant trouvé que
son devoir et son repos s'opposaient au penchant qu'elle
avait d'être à lui, les autres choses du monde lui avaient
paru si indifférentes qu'elle y avait renoncé pour jamais ; qu'elle ne pensait plus qu'à celles de l'autre vie,
et qu'il ne lui restait aucun sentiment que le désir de
le voir dans les mêmes dispositions où elle était.

Enfin, des années entières s'étant passées, le temps
et l'absence ralentirent sa douleur et éteignirent sa passion.

Mme de Clèves vécut d'une sorte qui ne laissa pas
d'apparence qu'elle pût jamais revenir. Elle passait une
partie de l'année dans cette maison religieuse, et l'autre chez elle, mais dans une retraite et dans des occupations plus saintes que celles des couvens les plus austères ; et sa vie, qui fut assez courte, laissa des exem-
ples de vertu inimitables.

FIN.

Paris. — Imp. de Bouls, rue Coq-Héron, 3.

OUVRAGES QUI PARAITRONT DANS LA BIBLIOTHÈQUE DES DAMES.

SOUS PRESSE :

Mme LEPRINCE DE BEAUMONT. — Contes et Romans.

Mme la marquise de VIEUXBOIS. — *Barabas et ses Filles,* deuxième et dernier volume.

Mme D'ABRANTÈS.—Mémoires, Romans, Contes et Nouvelles.

Mlle SCUDÉRY. — Clélie, Cyrus, Voyage au pays du Tendre.

Mme RICCOBONI (2e partie). — Lady Butler, Ernestine, Lettres de jeunes femmes.

Mme COTTIN. — Nouvelles, Fragmens et Lettres.

Mme LAFAYETTE. — Histoires sentimentales.

Mme DE MAINTENON. — Lettres et Proverbes dramatiques.

Mme ANNE RADCLIFFE (Romans fantastiques).—Les Mystères d'Udolphe, les Fantômes, les Terreurs de la Forêt Noire, etc.

LADY MORGAN.—Lettres de Voyage, Contes de la vie réelle. Histoires féminines.

Mme veuve TALMA.—Recherches sur l'art dramatique.

LADY BLESSINGTON.—Vingt nouvelles :—Traductions de ses Keepsakes annuels, etc.

LE LIVRE DE LA MAITRESSE DE MAISON.—Ouvrage contenant la nomenclature de tous les devoirs des femmes dans leur intérieur, à la ville comme à la campagne, pour toutes les fortunes et dans toutes les positions.

LE MÉDECIN DES DAMES.—Répertoire indispensable de médecine usuelle que l'on peut employer sans l'avis des médecins en cas d'urgence, contenant tous les soins préparatoires à donner immédiatement en cas d'indisposition.

L'AGENDA DES MUSICIENNES. — Album contenant les curiosités de la musique, par Rossini, Meyerbeer, Auber, Adam, etc.

LA CUISINIÈRE DE Mme DUCHATELET. — Recettes culinaires avec notes historiques très précieuses. Ouvrage entièrement nouveau, écrit d'après des manuscrits inédits.

Paris.— BOULÉ, imprimeur, rue Coq-Héron, 3.

www.ingramcontent.com/pod-product-compliance
Lightning Source LLC
Chambersburg PA
CBHW050006100426
42739CB00011B/2525